嶺南風物與香港非物質文化遺產系列

再現嶺南

香港非物質文化遺產的地域文化

羅樂然　編著

目錄

第六章
再現嶺南：
香港流行文化展示的非物質文化遺產項目與嶺南詮釋

圖表目錄

本章作者

羅樂然（香港都會大學人文社會科學院助理教授）

導論

何謂嶺南？

一、嶺南：地理名詞？學術名詞？文化名詞？

　　香港普羅大眾在日常生活參與文化活動的過程中，經常會與嶺南有所聯繫。例如香港文化博物館收藏了趙少昂（1905–1998）等嶺南畫派畫家的作品，而昔日及今天香港歷史博物館中的一些常設展與特別展，也會有主流的論述把香港本地的歷史或藝術與作為其文化腹地的嶺南聯繫上。[1]而位於荔枝角公園內的「嶺南之風」，在開幕時，官方報道特別說明「極具特色的『嶺南之風』相信亦會成為另一個旅遊熱點，而來自各地的遊客置身其中，定能感受到中國傳統嶺南庭院的古雅氣息和閒情逸趣」。[2]從這些例子所說明，嶺南一詞不僅將香港與中國文化、傳統、古雅等字詞聯繫上，也是不少香港普羅大眾對嶺南的聯想。通常學者們也會認為香港的文化傳統起源自嶺南，像鄭培凱提到：「香港文化的根源是嶺南文化，所以，香港非遺基本上是嶺南文化傳統的延續。」[3]那麼嶺南文化傳統又如何說起呢？

　　一般古代文獻對嶺南早期的描述跟上述大眾對嶺南的印象不盡相同，昔日嶺南總會被視為是落後、蠻夷、與中原文化有差異的地方。北魏《水經注》作者酈道元（466/472–527）曾指出：「古人云：『五嶺者，天地以隔內外，況綿途於海表，顧九嶺而彌邈，非復行路之徑阻，信

1　　Kai Won Tsang, "Museums in Late Colonial Hong Kong" (MPhil Thesis, Hong Kong: University of Hong Kong, 2020), pp. 163–165.

2　　〈荔枝角公園「嶺南之風」正式開放供市民遊覽〉，《香港政府新聞公報》，2000 年 11 月 11 日，https://www.info.gov.hk/gia/general/200011/11/1111149.htm，瀏覽日期：2021 年 12 月 1 日。

3　　鄭培凱：〈非遺與嶺南文化〉，《明報》，2021 年 8 月 22 日，頁 S04。

幽荒之冥域者矣。』」[4] 古代的五嶺把南北分隔，被視為華夷之分、內外之別的分界。古人相信無論是地理、風俗、生活、人群、語言等，南北都有明顯差異，甚至不少來自嶺南之人會被譏笑為南蠻或夷人，其生活的地方是荒服之地等，[5] 如明朝《永樂大典》提到：「漢史云，人性輕悍箕踞椎結，蓋百粵非聲教所暨，故其習俗與中州殊。」[6] 除了《永樂大典》外，不少古代典籍都不約而同表示廣東昔日與中原文化習俗有所區別。如《禮記》曾寫道：「南方曰蠻，雕題交趾，有不火食者矣。」[7] 雕題即今天的紋身，交趾即指當時的南方有男女同川共浴之俗，甚至不吃熟食。以當時意識，這些習俗不受中原文明標準所接受。像香港歷史學者程美寶的研究留意到一樣：「廣東原是『嶺外』，自然是野蠻愚昧之地。」[8]

如果依此舊說來看，相信很難說明為何大眾承認「嶺南」就是香港文化傳統的來源。大眾現在幾乎都認定「嶺南」是香港談及傳統中國文化時的根基，但這種文化根基不再被視為落後、野蠻、愚昧，而是一些重視文明、禮教、符合中原標準的文化。因此，嶺南一詞之意義不只是一種單純的地理位置概念，而是一種不斷轉化，並不斷按不同時期社會

4　酈道元：《水經注》，收入《武英殿聚珍版書》（清乾隆敕刻武英殿聚珍本），卷 36，頁 19b。

5　戴璟為黃佐督編明本《廣東通志》寫的序提到：「每聞談粵者，以粵故荒服地，開闢自秦漢。」見黃佐編纂：《嘉靖廣東通志》（京都大學圖書館藏嘉靖三十九年序刊本），〈序一〉，頁 3a。

6　此處指漢朝時南方人與中原人士性格有所差異，是所接受的文教不同而致的。解縉、姚廣孝編：《永樂大典》（北京：中華書局，1986），卷 11907，〈廣州府三‧風俗形勢〉。

7　鄭玄注：《禮記正義》，收入《十三經注疏》（上海：上海古籍出版社，2008），卷 4，〈王制〉，頁 1337。

8　程美寶：《地域文化與國家認同：晚清以前「廣東文化」觀的形成》（香港：三聯書店，2018），頁 55。

的文化與政治需要，注入新定義的地域文化意象。其中，程美寶也指廣東受「在中國之人帶來的衣冠氣習薰陶下，逐漸『向化』」。[9]此處足以說明，以往我們習以為常認定某些已簡化或標準化的嶺南地域文化，作為解釋香港文化傳統的指標，是不符實際歷史面貌論述的，相反，不斷地進一步向化中原的嶺南，才是更接近當下我們認識的香港嶺南地域文化。因此，在探討香港的文化傳統與嶺南的關聯之前，本書有必要先梳理出什麼是嶺南 —— 為這個話語作一個脈絡性的解釋。

從地域與地理的角度，今天我們所謂的嶺南一詞，歷史文獻說法多稱五嶺。《史記》裏記載到：「（秦皇帝）使尉佗踰五嶺攻百越。」[10]這個記載不只是文獻裏第一次提到五嶺，也是第一次說明中原帝國延伸至南方，特別是有機會面臨海洋世界。當時《史記》沒有明載何謂五嶺，只有後來唐朝（618–907）《史記正義》作者張守節（生卒不詳）補充「謂戍五嶺，是南方越地」，[11]才把五嶺解釋為南方越地。

在東漢《漢書》的記載裏，唐朝顏師古（581–645）補注東漢經學家服虔（生卒不詳）解釋「北為長城之役，南有五嶺之戍」時，提到：「山領有五，因以為名。交趾、合浦界有此領。」[12]學者劉新光表示此東漢之五嶺說是目前所知的最早解釋。[13]但是，必須注意的是有關材料還是依靠唐朝文人對五嶺的解釋，現存與漢朝直接相關的資料並不見有關

9　程美寶：《地域文化與國家認同》，頁 55。
10　司馬遷：《史記》（北京：中華書局，1977），卷 118，〈淮南衡山列傳〉，頁 3086。
11　張守節：《史記正義》，收入《景印文淵閣四庫全書》，冊 247–248（臺北：臺灣商務印書館，1984），卷 6，頁 21a–b。
12　班固著，顏斯古注，王先謙補注：《漢書》（臺北：鼎文書局，1986），頁 1831。
13　劉新光：〈「五嶺」考辨〉，《國學學刊》，2009 年第 4 期，頁 67–74。

記載。

　　同樣地，散見於唐宋文獻，今已佚失原書的東晉裴淵（生卒不詳）《廣州記》記載：「五嶺云，大庾、始安、臨賀、桂陽、揭陽。」[14] 成書較早的《史記》沒有明言五嶺的具體位置，後來經學家與注書家都利用這本《廣州記》來指明昔日史家記載的「五嶺」的具體所指。然而，這種說法和後來我們當代社會統一認知的地方有所不同。當今社會已有統一的界定想法，五嶺就是南嶺山脈的山嶺，從東至西分別是大庾嶺、騎田嶺、都龐嶺、萌渚嶺、越城嶺，這一記載與《水經注》以水文解釋這五嶺的位置是一致的。[15]

　　唐朝時，無論是司馬貞（679–732）的《史記索隱》還是張守節的《史記正義》，兩者都有引用裴淵的《廣州記》說明五嶺；但張守節再引南梁時編纂的《輿地志》，則記載：「一曰臺嶺，一曰塞上，即大庾也，二曰騎田，三曰都龐，四曰萌渚，五曰越嶺。」[16] 故此處已有一些名字上的分別，甚至與秦漢所指的五嶺並不相同。而北魏酈道元的地理經典《水經注》使用的說法與《輿地志》一致，酈道元有明確指出此五嶺為秦置之地，也明確地以附近水道解釋。唐朝文人利用南北朝的文獻解釋秦漢五嶺的位置，發現五嶺或許隨著時代有所變化，但同時也反映唐朝時留下的南方地方志與材料較為豐富，故對五嶺的材料記載更為具體。

14　蕭統編，李善注：《文選》（上海：上海古籍出版社，1986），卷 24，〈贈答·陸士衡贈顧交阯公真〉，頁 1146。
15　劉新光：〈「五嶺」考辨〉，頁 70。
16　張守節：《史記正義》，卷 6，頁 21a。

自此，唐朝所載五嶺位置與秦漢時期說法有所差異的問題沒有得到澄清，反而被後世沿襲，成為了約定俗成及固定的說法。例如，重要的典章書籍、唐朝杜佑（735–812）所撰的《通典》便記載：

> 自北徂南，入越之道，必由嶺嶠，時有五處。塞上嶺一也，今南康郡大庾嶺是。騎田嶺二也，今桂陽郡臘嶺是。都龐嶺三也，今江華郡永明嶺是。甿渚嶺四也，亦江華界白芒嶺是。越城嶺五也，今始安郡北，零陵郡南，臨源嶺是。西自衡山之南，東窮於海，一山之限也。[17]

南宋（1127–1279）王應麟（1223–1296）在其書《通鑑地理通釋》說：「秦南守五嶺，塞上嶺一也，今南安軍大庾嶺、騎田嶺二也、都龐嶺三也、甿渚嶺四也、越城嶺五也。」[18] 與杜佑說法基本上統一。五嶺為什麼在不同時代出現名字、位置上的變化，據劉新光分析，應與古人入嶺的方式不同有關，故五嶺的通道地位變化，也影響了五嶺名稱與地位的變化。這裏再次說明，即使是嶺南地理位置與疆域位置，也是不斷移動的概念，而非一個單純靜態的事實。

上述古人提到的五嶺，反映五嶺不是一個特定的地理位置，而是象徵山嶺分隔了南北兩地的概念。古代並沒有精密的地理科學來發掘真相，故不能說誰說得正確或誰說得有偏差。不過，這些五嶺的名稱可反

17　杜佑：《通典》（北京：中華書局，1988），卷 184，〈州郡十四・古南越〉，頁 4911。
18　王應麟：《通鑑地理通釋》，收入《景印文淵閣四庫全書》，冊 312（臺北：臺灣商務印書館，1984），卷 5，〈山道山川考・嶺南〉，頁 43b。

映出早期文人視五嶺為嶺南地域，及與中原社會產生距離感的關鍵原因。後來，《廣東新語》作者屈大均（1630–1696）在處理五嶺命名與位置所屬時也有解釋。屈大均舉王應麟、晚明的方以智（1611–1671）等人之說再分析，發現上述幾說都有其可取與不可取的地方。但他最終指出：「大抵五嶺不一，五嶺之外，其迤而橫絕南北者皆五嶺，不可得而名也。」[19] 換言之，屈大均反映的古人認定的五嶺意識，不是具體五嶺的所在位置，而是在於「高而橫，絕南北」的地理分隔。[20] 地理位置的特徵導致與中原社會的隔絕，故王朝文教與典章在此地的形成與了解，又與其他地域有所不同。因此，這裏的人如何形成各種文化、風俗、儀式自然與此有一定的關係。而事實上，在過去一個世紀，嶺南的社會、文化、風俗令不少學者對相關課題產生了興趣。

在進一步探討「何謂嶺南」這個問題時，我們有必要了解學者為何對嶺南有興趣，而他們又如何在嶺南的空間裏發現各種新問題。嶺南這種結合地理環境特點與不斷重新創造定義的文化與社會空間，吸引了很多民國學者做古代嶺南社會史與經濟史的研究。例如何格恩（生卒不詳）與全漢昇（1912–2001）便分別以唐朝和宋朝的嶺南墟市作研究對象：何格恩利用了《輿地紀勝》、《元和補志》等文獻，指出嶺南人稱市為墟，又會以三日或五日一市，稱謂「趁墟」；[21] 而全漢昇則以宋朝文獻《宋會要》和《建炎以來繫年要錄》的記載為理據，說明一些南方墟

19　屈大均：《廣東新語》（北京：中華書局，1985），卷 3，〈山語・五嶺〉，頁 69。
20　屈大均：《廣東新語》，卷 3，〈山語・五嶺〉，頁 69。
21　何格恩：〈唐代嶺南的虛市〉，《食貨半月刊》，第 5 卷，第 2 期（1937），頁 36。

市於南宋時慢慢演變成為商旅交會的城鎮。[22] 這裏進一步說明墟市昔日買賣都是按鄉村居民的需求而發展，買賣需求較小，地方特色較強。但隨著外來商人的參與，墟市貿易慢慢擴大規模，也進一步打破地方色彩，最終部分墟市發展成為城鎮。[23] 他們二人除了探討墟市的特色外，都不約而同提及 20 世紀的嶺南仍然保存著這種風俗，相沿不改，在一些晚清的畫報記載中可見。

中國社會學奠基者費孝通（1910–2005）的《鄉土中國》是一本大學課堂講義，雖然不是一本嚴密的學術論著，但卻影響了 1940 至 1960 年代華文及歐美學術世界對中國鄉村社會的認識。[24] 他在鄉村的考察中，發現了中國基層社會的體系如何支配地方的大眾生活。例如他提出中國社會結構的一個特點是差序格局。中國的儒家思想人倫差等觀念形成了由人像水面波紋一樣向外圍圈子延伸的情況。人不是捆綁的柴，而是像水紋的同心圓一樣。簡言之，每一家以自己為單位，劃出一個圈子。這個圈子可以小至一個家庭，可以大至像嶺南的宗族般，建立自己的社區「王國」。[25] 費孝通同時也提及長老政治、無訟、男女有別等社會結構特徵，可以反映嶺南地域文化形成的現象，亦充滿著費孝通的鄉土描述。當然，費孝通的說法及描述並非絕對正確，但有助我們了解嶺南

---

22 古代文獻甚至是民間學者都以「虛市」說明地方買賣交易的空間。然而，時至今日，「墟市」一詞已為人所認識。為避免讀者產生歧義，如非引用學者之說或引用古代文獻，全文以「墟市」作為代表字詞。

23 全漢昇：〈宋代南方的虛市〉，《中央研究院歷史語言研究所集刊》，第 9 本（1947），頁 266-274。

24 馬戎：〈「差序格局」──中國傳統社會結構和中國人行為的解讀〉，《北京大學學報（哲學社會科學版）》，第 44 卷，第 2 期（2007 年 3 月），頁 131-142。

25 本書採用的是 1993 年臺灣風雲時代出版社版本，該版本把同一系統的《鄉土重建》合為一書。詳參費孝通：《鄉土中國與鄉土重建》（臺北：風雲時代，1993），頁 22-29。

地域的傳統、習俗背後的各種社會結構因素。

　　1960 年代，美國學者施堅雅（William Skinner, 1925–2008）採用地理學與經濟學的框架，對中國社會進行分析。他結合天然地理的界線與市場經濟系統，把中國分為九大區域，以區域研究的方法，分析中國社會的整合與變化。[26] 其經濟地理學的研究範式，帶動了中國各地的區域史研究，無論是城市史或是鄉村研究都有他的影子。施堅雅的區域分析框架對嶺南研究亦有重大影響，不但提出區域的理解、跳出行政區域的限定，也把嶺南以文化與經濟區域的視野觀之。

　　另一方面，斐利民（Maurice Freedman, 1920–1975）則指出農村與基層社會並非單純的皇權控制結果，農村可因其需要而建立宗族，並以宗族作為鄉村的中心單位。[27] 因此，區域研究不再只是單純國家歷史在地方的對照，而是以接近基層社會掌握中國社會發展的模式與結構的重要手段。兩人的研究也分別反映了西方學者如何結合地方材料及社會科學研究方法，試圖還原傳統中國文化與基層社會的深層面貌。以新界的宗族為例，他們通過科舉獲得了官方身分，藉此在土地、財富與權力上，日漸建立家族勢力及管理家族以外社區，成為了村落或地區的中心。斐利民對皇權控制的挑戰，確實啟發了不少學者，思考遠離中央政府的嶺南，是否會更明顯地留意到地方與皇權之間的疏離感。而嶺南各

26　William G. Skinner, "Marketing and Social Structure in Rural China, Parts I, II, and III," *Journal of Asian Studies,* vol. 24, no. 1 (1964), pp. 3–44; vol. 24, no. 2 (1965), pp. 195–228; vol. 24, no. 3 (1965), pp. 363–399.

27　Maurice Freedman, *Lineage Organization in Southeastern China* (London: Athlone, 1958)；Maurice Freedman, *Chinese Lineage and Society: Fukien and Kwangtung* (London: Athlone, 1966).

種風俗的形成，也與這種權力關係建構有關。

　　1970 至 1980 年代，臺灣中央研究院近代史研究所的學者深受當時這種觀念影響，分別由李國祁（1926–2016）研究閩浙臺、[28] 張玉法研究山東、[29] 王樹槐研究江蘇、[30] 蘇雲峰（1933–2008）研究湖北、[31] 張朋園（1926–2022）研究湖南，[32] 以及謝國興研究安徽。[33] 他們的研究雖然未有完整地呈現各區域的文化特徵，但希望通過地區的觀察，從而綜合全國的特色。據黃國信、溫春來、吳滔的研究，這種想法與傳統方志學一致，也符合華文研究重歸納的表述習慣。[34] 雖然臺灣學者因時間與計劃資源局限，未有鑽研廣東、廣西等區域的研究，但以省及區域為中心的研究主題，確實引起當時一些學者對地方、區域研究的興趣。故除了臺灣這系列的現代化研究外，當時不少中國內地的嶺南研究，也是有著這種區域歸納國族的研究需要。[35]

28　李國祁：《中國現代化的區域研究：閩浙臺地區（1860–1916）》（臺北：中央研究院近代史研究所，1982）。

29　張玉法：《中國現代化的區域研究：山東省（1860–1916）》（臺北：中央研究院近代史研究所，1982）。

30　王樹槐：《中國現代化的區域研究：江蘇省（1860–1916）》（臺北：中央研究院近代史研究所，1983）。

31　蘇雲峰：《中國現代化的區域研究：湖北省（1860–1916）》（臺北：中央研究院近代史研究所，1987）。

32　張朋園：《中國現代化的區域研究：湖南省（1860–1916）》（臺北：中央研究院近代史研究所，1983）。

33　謝國興：《中國現代化的區域研究：安徽省（1860–1916）》（臺北：中央研究院近代史研究所，1991）。

34　黃國信、溫春來、吳滔：〈歷史人類學與近代區域社會史研究〉，《近代史研究》，2006年第 5 期，頁 51。

35　此處不一一介紹，但曾國富留意到嶺南區域史研究與改革開放有關。廣東不少城市與鄉鎮都是改革開放初期的重點發展地區，從歷史、文化角度重組嶺南的社會和文化特徵，成為當時不少中國內地學者研究的主要處理議題。可是，曾國富也留意到不少學者只以某區或某地的史料論述嶺南，使嶺南有「以偏概全」、「以小區歸納大地」的研究局限。關於此，詳參曾國富：〈古代嶺南區域史研究 30 年回顧述要〉，《中國史研究動態》，2010 年第 3 期，頁 15–23。

當然，也有學者不認同這種歸納法的探討，認為基層社會與國家意識並非絕對一致。一些學者通過結合文獻與田野調查，提出區域研究的突破性，嘗試反映區域研究的價值，不限於服務國族與全國研究。1949 年中華人民共和國成立後，基於當時的社會與政治氣氛，對中國社會和中華文化有興趣的外國學者無法留在中國大陸進行田野調查，故只能在海外華人社區、香港和臺灣等地進行調研。例如：施堅雅在泰國；[36] 斐利民在新加坡；[37] 華德英（Barbara E. Ward, 1919–1983）、[38] 華琛（James L. Watsons）在香港；[39] 武雅士（Arthur P. Wolf, 1932–

36　施堅雅原本在四川進行田野調查，後因 1949 年中國政權更迭，轉移其田野對象至泰國的華人社群，並出版了《泰國的華人社會》及《泰國華人社區的領袖與權力》兩書，是泰國華人社群社會結構分析的大作。詳參 William G. Skinner, *Chinese Society in Thailand: An Analytical History* (Ithaca: Cornell University Press, 1957)；William G. Skinner, *Leadership and Power in the Chinese Community of Thailand* (Ithaca: Cornell University Press, 1958)。

37　斐利民早期對東南亞的種族關係有很大的興趣，故他的博士論文亦以此為題。後來，他被委派到馬來半島進行社會調查，主要研究新加坡華人的家庭與婚姻問題，及後出版了《新加坡華人的家庭與婚姻》，並藉此延伸華南宗族的有關研究，如《中國東南地區的宗族組織》和《中國家族與社會：福建與廣東》等，其書籍也獲科大衛等人認同，對往後的華南研究影響甚深。詳參 Maurice Freedman, *Chinese Family and Marriage in Singapore* (London: H. M. Stationery Office, 1957)。

38　華德英到香港中文大學任職後，長時間以滘西洲作為其田野研究對象，並展開長年的人類學研究，與滘西洲漁民建立了良好的社區關係。他就改善漁民生活帶來貢獻，亦通過對漁民社區的研究，在社會學與人類學學界發表了相關的經典著作。最特別的是，華德英離世後，漁民更於滘西洲的洪聖古廟旁樹立一塊紀念碑，以紀念其為漁民謀求福利的貢獻。關於其於滘西洲的研究，詳參 Barbara E. Ward, "Kau Sai, an Unfinished Manuscript," *Journal of the Hong Kong Branch of the Royal Asiatic Society*, vol. 25 (1985), pp. 27–118。華德英在中大任教，影響不少當今華南研究的學者，如科大衛、蔡志祥等。

39　華琛以「標準化」（Standardization）的理念，從神明象徵與儀式實行的作用，嘗試在國家、精英與普通民眾之間建立一種文化標準化的縱向標準。簡單來説，國家正通過由上而下的方式正統化一些風俗與信仰，從而實現文化結合的結果。他以媽祖信仰為例，國家的認可、官方的祭祀和政府的典章制度將各地媽祖信仰規範標準化，並提高了媽祖的地位，使信眾日漸接受這種標準化與正統化的形式，可見信仰的正統化和政府規範，可以成為國家控制社區的重要手段。關於此，詳參 James L. Watson, "Standardizing the Gods: The Promotion of T'ien Hou ("Empress of Heaven") Along the South China Coast, 960–1960," in *Village Life in Hong Kong: Politics, Gender, and Ritual in the New Territories*, eds. James L. Watson and Rubie S. Watson (Hong Kong: The Chinese University of Hong Kong Press, 2004), pp. 269–310。

2015）、[40] 孔邁隆（Myron L. Cohen）在臺灣等。[41] 他們在宗族、信仰、鬼神等議題上，發現皇朝與基層社會的互動，不是單純的國家表述，亦包含了地方與國家之間交叉重疊的文化意義。

　　這些學者在中國南方村落或與南方有密切關係的社區中，進行豐富的田野考察，結合實地考察成果及對地方文獻的發掘，發現地方的社區關係或文化習俗形成的過程。像當時任教於香港中文大學的華德英，於 1979 年起，連續兩年安排學生到高流灣進行長期的田野調查，當中包括打醮研究者蔡志祥。[42] 同一時期，香港中文大學教授科大衛受許舒（1930–2023）啟發，[43] 展開香港碑文抄錄計劃，及後由香港歷史博物館出版三冊專書。[44] 當中，以香港為研究基地的學者們開展了「中國歷史人類學」的研究，中國改革開放後，學者們走進華南各地，與內地院校合作進行田野調查。當時，這些研究華南村落的學者，被學界稱為

40　武雅士通過日治時期的戶籍資料，研究當時臺灣漢人社會的婚姻和收養行為；又通過三峽的研究，探討臺灣社會裏的祖先、鬼和神的關係，並發現神的科層或官僚關係與現世生活有所結合，如神明世界中由下至上的科層：灶神、土地公、城隍、玉皇大帝。他從家庭到國家的分層關係，分析中國人如何按照社會的模型創造了宗教。關於此，詳參 Arthur P. Wolf, "Gods, Ghosts, and Ancestors," in *Religion and Ritual in Chinese Society* (Stanford: Stanford University Press, 1974), pp. 131–182；並參莊英章、陳叔倬：〈歷史人口視界下的臺灣民俗研究：紀念武雅士教授專輯前言〉，《民俗曲藝》，第 197 期（2017 年 9 月），頁 1–9。

41　孔邁隆在 1960 年到高雄美濃進行客家文化與族群的田野調查，融入當地人的生活，及後完成博士論文。關於其研究成果，可參考洪馨蘭：〈書評：孔邁隆教授的美濃與客家研究《家的合與分 —— 臺灣的漢人家庭制度》、《客家的法人經濟、宗教、語言與認同》〉，《高雄文獻》，第 7 卷，第 2 期（2017 年 8 月），頁 174–178。

42　蔡志祥：〈華南：一個地域、一個觀念和一個聯繫〉，收入華南研究會編：《學步與超越：華南研究論文集》（香港：文化創造出版社，2004），頁 4。

43　李仁淵：〈在田野中找歷史：三十年來的中國華南社會史研究與人類學〉，《考古人類學刊》，第 88 期（2018），頁 113；並參科大衛：〈告別華南研究〉，收入華南研究會編：《學步與超越》，頁 10–11。

44　科大衛、陸鴻基、吳倫霓霞編：《香港碑銘彙編》（香港：香港博物館、香港市政局，1986）。

「華南學派」。[45]

　　不少被視為「華南學派」的學者如科大衛、劉志偉、程美寶、蔡志祥等，都不認為這是一種學術派別的稱呼，而是一種研究視角。他們主張以「華南研究」命名，通過區域裏的文獻與田野考察所得，對中國歷史、社會與文化作出更深入與廣闊的詮釋。如科大衛所言，華南研究只是了解中國社會與文化的必經之路，最終的目的是研究整個中國歷史，和把中國歷史放置在世界歷史裏，故華南研究的研究動態在近年已超越了最初的研究範圍。另外，程美寶、蔡志祥所言：「與其從地理界域的意義去理解（華南學派），指以中國南方數省區域為對象的研究，還不如說是一個以華南地區為實驗場，力圖在研究興趣和方法上超越學科界限的研究取向。」[46] 他們以中國南方幾個省份（早期場域主要在香港、臺灣及海外華人社區，後來延伸至嶺南各地）為重鎮，展示了一些歷史學與人類學研究結合的成果，強調嶺南這個地域不是一個固定的地域，而是一個歷史建構的過程。[47]

　　正如歷史人類學研究者代表之一陳春聲指出：「許多作者熱衷於對所謂區域社會歷史的『特性』做一些簡潔而便於記憶的歸納。」[48] 意思是把一些區域歷史文獻整理後剪裁成地方特性的例證，從而完成相關

45　蔡志祥指，從地域層面理解，華南包括大庾嶺以南，廣東與廣西兩省的地方。參蔡志祥：〈華南：一個地域，一個觀念和一個聯繫〉，頁1。
46　程美寶、蔡志祥：〈華南研究：歷史學與人類學的實踐〉，《華南研究資料中心通訊》，第22期（2001年1月），頁1。
47　程美寶、蔡志祥：〈華南研究：歷史學與人類學的實踐〉，頁3。
48　陳春聲：〈走向歷史現場〉，收入謝湜：《高鄉與低鄉：11–16世紀江南區域歷史地理研究》（北京：生活・讀書・新知三聯書店，2015），頁iv。

研究，如一些學者會歸納「嶺南文化的開放性、重商性、多元性、兼容性等特徵 …… 與其他地區有顯著不同」；[49] 又或描述嶺南為「文化兼容」。[50] 在陳春聲的角度來看，「這種做法似是而非 …… 談不上思想創造之貢獻」。[51] 陳春聲此觀點勾勒出過往嶺南研究熱潮所帶來的挑戰，就是不少學者為了完成某種文化特性的表述，把嶺南區域的形成簡潔地歸納，忽略了各種文化形成的過程以及其複雜的歷史面相。

同樣地，程美寶留意到近年地方與國家的研究，都傾向於「 ……族群的自我意識和被他者標籤的形成過程」。她提出一個重要的觀點：「我們今天在處理所謂的『區域史』時，目的絕對不是提出『新』的或『更正確』的劃分，而在於明白過去的人怎樣劃分，在於明白這段『劃分』的歷史。」[52] 因此，本書希望從地域視野探討不同時代與視野如何看待不同的口頭傳統或儀式，作為劃分嶺南地域文化的內與外。

二、嶺南與非物質文化遺產的對話

談到這裏，筆者初步發現嶺南是一個浮動及具有多重意義的區域空間，並不單純是政治或行政區域，大家都樂意採用此字。過往處理嶺南或華南研究，學者們都把現時在地的田野活動作為理據，如宗教、宗族、信俗、社會儀式等，結合地方文獻及田野考察的結果，以反映基層

49　魏美昌：〈澳門文化論稿兩題〉，《文化雜誌》，第 26 期（1996 年春），頁 86-92。
50　徐南鐵：〈嶺南文化的兼容特徵和現代化審視〉，《探求》，新 62 期（2000 年 12 月），頁 48-52。
51　陳春聲：〈走向歷史現場〉，頁 iv。
52　程美寶：《地域文化與國家認同》，頁 33-34。

社會的面貌，並思考歷代皇朝中，國家如何與基層社會產生各種張力。

　　不過，正如劉志偉在與思想史學者孫歌對談時提到，過往的歷史研究都沒有辦法走出從國家出發演繹或解釋歷史邏輯的局限，即使談論基層、民眾、下層社會等，都離不開國家歷史框架下的論述，歷史仍然無法擺脫由國家出發的視野。[53] 然而，地域文化的塑造與詮釋不只用於觀察國家如何解釋人的活動，也可用作研究民眾如何通過詮釋地域文化，建立自我的文化認同、族群關係以及社會關懷。

　　過往的地域文化研究，都希望探討國家與地域的互動，從而反映人的歷史和文化，本書將沿用此華南研究的關懷來作論述；但從中進一步思考「嶺南文化」是如何被人所理解、接受、挪用與闡述，這更能夠呈現地域文化在社會上的意義。其中一些社會行為，如信俗、儀式、宗教信仰、技藝等，都是文字以外最接近人們的行為。因此，本書將會通過香港各種與嶺南話語有所關聯的非物質文化遺產項目進行分析，試圖結合傳統文獻的解讀與歷史人類學田野調查的研究意識，探討嶺南如何被表述，從中探索「嶺南」作為地域文化以外，如何成為官方、商家、專家以及社群連繫國族的概念紐帶。

　　例子有被列入「香港非物質文化遺產代表作名錄」的涼茶。非物質文化遺產辦事處在網上所設置的香港非物質文化遺產資料庫中表述，涼茶被視為是「*流行於嶺南地區的飲料⋯⋯在嶺南地區地濕水溫的氣*

53　劉志偉、孫歌：《在歷史中尋找中國：關於區域史研究認識論的對話》（上海：東方出版中心，2016），頁 16–17。

候環境中，涼茶成為大眾祛濕降火、解燥消暑和防治感冒的一種獨特飲食文化」。[54] 香港市民普遍理解天氣炎熱是嶺南的氣候特色，但其實不少地方也天氣炎熱，除了需要思考為什麼這種習俗與技藝特別在這空間出現，[55] 我們更應該思考為什麼嶺南的文化表述會被結合氣候、天氣等觀念來呈現；商家又如何在涼茶「非遺」標籤下，把「嶺南文化」包裝為宣傳涼茶產品的話語？這都是以往學者未有兼顧的話題。

簡言之，本書的研究將會思考香港非物質文化遺產的相關項目中，嶺南作為主要的地域文化是如何被詮釋的，而非單純以表面的既定印象來引證嶺南風物在香港的傳承。很多著作介紹香港非遺時，或會泛泛而論解釋嶺南的民間習俗如何在某個時空傳播到香港，並於香港落地生根。「嶺南」或「南嶺」，除了代表著五嶺（大庾嶺、騎田嶺、都龐嶺、萌渚嶺、越城嶺）以南的地理意義外，是否也在香港非遺文化傳承中有著不同的詮釋意義呢？

本書將結合各種傳統文獻史料、相關政府檔案、刊物、時人回憶及學者分析，印證嶺南相關的源委與脈絡如何在香港非遺發展的形塑與建構過程中扮演重要角色。因此，本書並不只是探討非物質文化遺產的過去價值，或是對未來保育的建議，而是通過借鑑批判遺產學結合文化史、學術思想史、區域史、地理學及本地保育等研究，梳理現代社會如何挑選與詮釋「嶺南文化」於文化遺產裏的呈現，從而了解文化遺產與

---

54 〈涼茶〉，香港非物質文化遺產資料庫網站，https://www.hkichdb.gov.hk/zht/item.html?ef1238bc-9bf2-481d-b3a6-20c0fd231ca0，瀏覽日期：2021 年 6 月 1 日。

55 關於此，可參鄧家宙：《香港非物質文化遺產系列：涼茶》（香港：中華書局，2022），頁 20–23。

當代社會的關係，尋求遺產的意義與價值，特別是各種遺產或文化儀式背後展露的嶺南，其所詮釋的地域、國族與身分認同想像。

三、擺脫原真性：從批判遺產學切入地域文化和非遺研究

在探討批判遺產學視野前，必先從遺產研究形成的歷史開始說起。1950 年，日本京都金閣寺發生一宗縱火案，當時的殿舍及若干文物被焚毀，日本以及國際間開始對保護歷史文物、技術及建築有更多的關注。[56] 1960 年，有過千年歷史的埃及阿布辛貝神殿，因興建亞斯文水壩而被移離原址，此舉被視為世界保護文化遺產與古蹟的重要嘗試。有見及此，在一些西方國家的倡導下，聯合國教科文組織（UNESCO）在 1972 年成功通過《保護世界文化和自然遺產公約》（*Convention Concerning the Protection of the World Cultural and Natural Heritage*），國際間就文物與建築保護展開各種協作，並由專家評估古蹟的保護價值。[57]

2000 年代起，英語學界開始倡議批判遺產學研究，主要認為遺產學談的是當下，而不是過去。[58] 在遺產研究中，原真性不再是學者應該

---

56 Satohiro Serizawa and Soichiro Sunami, "World Heritage Site as the Place for Education: The Case of the Gango-ji Temple in Japan," *Asian Education and Development Studies*, vol. 8, no. 4 (Sep. 2019), pp. 454–462.

57 Henry Cleere, "The 1972 UNESCO World Heritage Convention," *Heritage & Society*, vol. 4, no. 2 (2011), pp. 173–186.

58 Keith Emerick, *Conserving and Managing Ancient Monuments: Heritage, Democracy, and Inclusion* (Martlesham: Boydell & Brewer, 2014).

停留關注的話題，而是轉向一個新的討論角度，指出遺產的價值與意義並非自然存在的，而是各種行動主體（政府、專家或非遺社群等）在權力關係中互動而成的結果。批判遺產學研究（Critical Heritage Studies）健將勞拉簡・史密斯（Laurajane Smith）倡導「遺產」不是一件事物，也不是一個場地、建築或其他物質物件，而是一種文化過程。[59] 史密斯是澳洲國立大學考古學與人類學院教授，是國際著名的遺產學與博物館學研究者。2006 年，她出版了 *Use of Heritage*（中譯版《遺產利用》於 2020 年出版）一書，[60] 對原來的遺產研究範式帶來重大的挑戰。

昔日，大眾有一種認知，相信文化遺產是一種既定、靜態及物質的事實，是世界上的文化遺產專家或世界性組織奠定下來的結果。1972 年，聯合國教科文組織大會通過了《保護世界文化和自然遺產公約》，成員國通過向教科文組織申報世界遺產，按教科文組織、國際古蹟遺產理事會等發佈的指南、公約、原則等，來實踐世界遺產的保護與維繫，間接確定了遺產的保護標準、規格以及運用。

然而，這種國際公約和憲章深受西方對文化遺產的釋義（強調物質性、紀念性、原真性）影響。[61] 不少非西方社會的文化價值重點，跟公約

59　Laurajane Smith, *Uses of Heritage* (Abingdon: Routledge, 2006), p. 44.

60　勞拉簡・史密斯著，蘇小燕、張朝枝譯：《遺產利用》（北京：科學出版社，2020）。

61　不只 1972 年聯合國教科文組織通過的《保護世界文化和自然遺產公約》，當中還包括國際文化紀念物與歷史場所委員會（ICOMOS）於 1964 年採行的《威尼斯憲章》（Venice Charter for the Conservation and Restoration of Monuments and Sites）。詳見 Smith, *Uses of Heritage*, pp. 88–102。

標準有所不同，例如西澳的原居民會依據傳統在古岩畫上重刷顏料、[62]
中日韓三國的古建築也會被定期翻新，[63] 這種觀念與國際約章著重的原
真性相悖。於是，自 1970 年代起，非西方國家為首的國家代表，在聯
合國教科文組織的會議中，多次倡議落實推動保護非物質文化遺產的工
作，[64] 被學者視為是對西方國家文物與建築保護手段的挑戰行為。

　　1990 年代以前，國際間只停留於傳統對民俗保護（Safeguarding）
的倡導，[65] 而這種倡議很快被批評容易造成遺產項目被官方直接介入
進行保護，遺產項目的生產者或本地居民不能控制文化遺產的保護方
向，意願無法得到實現。[66] 此時，這種保護的手段，並未完全展示非物
質文化遺產的本質，與其在人類社會的意義；而此時非物質文化的概念
亦未被倡導，大家只聚焦於物質建築的保護及文物的搶救工作。

62　David Mowljarlai, Patricia Vinnicombe, Graeme K. Ward and Christopher
　　Chippendale, "Repainting of Images on Rock in Australia and the Maintenance of
　　Aboriginal Culture," *Antiquity*, vol. 62, no. 237 (1988), pp. 690–696.
63　Seung-Jin Chung, "East Asian Values in Historic Conservation," *Journal of
　　Architectural Conservation*, vol. 11, no. 1 (2005), pp. 55–70; Dawson Munjeri, "Tangible
　　and Intangible Heritage: From Difference to Convergence," *Museum International*,
　　vol. 56, no. 1–2 (2004), pp. 12–20.
64　因金閣寺大火，日本已於 1950 年成立《文化財保護法》，保護物質與非物質文化財
　　產，並設立「人間國寶登錄制度」，登錄技藝的傳承人。玻利維亞在 1973 年建議《世
　　界著作權公約》應該設立條約保護各國的民俗。有關聯合國教科文組織中對保護非遺的
　　發展，見 Noriko Aikawa, "An Historical Overview of the Preparation of the UNESCO
　　International Convention for the Safeguarding of the Intangible Cultural Heritage,"
　　Museum International, vol. 56, no. 1–2 (2004), pp. 137–149。
65　包括聯合國教科文組織在 1989 年通過的第一份保護民俗文化的規範性文件《保護民
　　間創作建議案》（Recommendation on the Safeguarding of Traditional Culture and
　　Folklore）。
66　Janet Blake, *Developing a New Standard-setting Instrument for the Safeguarding of
　　Intangible Cultural Heritage: Elements for Consideration* (Paris: UNESCO, 2001), pp.
　　32–37.

直到 1990 年代，國際間開始承認文化遺產背後的實踐和傳播者，[67] 非西方學者亦對遺產名錄的合理性產生質疑。[68] 2003 年的《保護非物質文化遺產公約》（*Convention for the Safeguarding of the Intangible Cultural Heritage*）也引起學界對國際公約在各國本土適應性的討論，[69] 學界開始重新看待文化遺產是如何涉及權力關係、意識形態，以及話語表述與建構，從而影響了其維繫方式、與社區的關係及國際之間的互動。在此脈絡之下，史密斯一書大力批判這種以專家及國家力量控制文化遺產選擇的「權威遺產話語」，指出過往的保護與管理遺產標準忽視了文化的多樣性；現存的遺產方式也導致群體多樣性被排除；更重要的，過往的憲章與原則都重視物質性，強調考古數據和文本，失去了人與遺產之間的聯繫。最後，他指出權威遺產話語是一種文化強權話語，科學標準背後，仍然體現著歐洲中心主義色彩。[70]

　　此外，史密斯的專書也藉此形成了批判遺產學研究的範式與風氣：於 2012 年首次舉辦批判性遺產研究學會會議，[71] 收集到超過五百篇參會論文；由史密斯擔任主編，聯繫世界各地學者，創辦了 *International Journal of Heritage Studies*（《遺產研究國際學刊》），

67　聯合國教科文組織在 1993 年開展南韓提倡的「人間國寶」（Living Human Treasures）計劃，促進成員國認可從事非物質文化的人員，以推動有關的文化傳播。見 Aikawa, "An Historical Overview," p. 139。

68　世界遺產名錄的南半球國家代表，不滿名錄的選擇標準未有平衡考慮各地的文化遺產。見 Noriko Aikawa-Faure, "From the Proclamation of Masterpieces to the Convention for the Safeguarding of Intangible Cultural Heritage," in *Intangible Heritage*, eds. Laurajane Smith and Natsuko Akagawa (Abington: Routledge, 2009), pp. 13–44。

69　Smith, *Uses of Heritage*, pp. 108–113.

70　于佳平、張朝枝：〈遺產與話語研究綜述〉，《自然與文化遺產研究》，第 5 卷，第 1 期（2020 年 2 月），頁 21。

71　"History," Association of Critical Heritage Studies, https://www.criticalheritagestudies.org/history, accessed Dec. 21, 2021.

展開各種批判性遺產的理論研究與個案探討。其中，被視為經典的 *Uses of Heritage* 一書指出，遺產中產生的記憶行為可被視為理解與參與當下社會的重要路徑，換句話說，遺產中的概念，本身就是建構、再建構或者協商而成的無形文化與價值。同時間，史密斯也認為文化遺產是非固化的文化形式。批判遺產學不是否定遺產保護事業的價值，反而希望把遺產議題結合各種社會話語，如體驗、認同、記憶、地方多樣性等，探討遺產背後充斥的各種政治、社會的行動與權力關係。[72] 因此，遺產不單是探討過去歷史的憑藉，更是思考不同時代如何形塑某種話語的切入點。

　　每當官方機構、傳承團體、參與非遺項目的大眾與文化組織在解說非遺項目時，嶺南的地域與文化關聯均成為遺產傳播與傳承的關鍵價值。然而，大部分持份者在探討非遺時，都視「嶺南」一詞為一個固定、靜態、自然而生的字詞，卻沒想過「嶺南」本身也是反映社群某種價值追求、認同的投射，是一種不斷形成的話語。批判性遺產思考方式的其中一個角度，是視遺產作為文化生產的過程：「人們能夠對遺產背後的認同、價值和意義進行協商，而且能夠通過它來挑戰和重新定義他們在世界中的位置。因此，遺產也是充滿爭論與協商的資源或政治過程。」[73]

　　受此啟發，我們可以理解現時香港各種非物質文化遺產並非是

72　龔浩群、姚暢：〈邁向批判性遺產研究：非物質文化遺產保育中的知識困域與範式轉型〉，《文化遺產》，2018 年第 5 期，頁 70-78。

73　Smith, *Uses of Heritage*, p. 7.

按照一成不變標準而進行的文化儀式與習俗，而是一種文化生產的過程，即任何一種技藝、儀式、語言、傳說或習俗，都會因其內容或價值不斷地被重新定義，一般都會涉及當時的社會話語。其中，地域文化的存在與解釋，經常是非遺展示其文化價值的主要部分，而地域文化的闡釋與說明，成為我們更透徹了解非物質文化遺產的重要手段。本書希望通過不同視野，了解嶺南在香港非遺項目中，是如何被詮釋與投射的。非遺牽涉的話語，實際上也反映了香港社會不同持份者（如官方代表及與非遺有關的社群）對傳統文化或是國族想像的追求，[74] 本書不只描述非遺項目如何展現所謂的香港嶺南文化特色，而是通過探討這些項目，了解香港非遺持份者、大眾、政府部門甚或商家如何詮釋嶺南，從而以另一角度掌握嶺南與非遺之間的聯繫。這種切入是過往學界探討香港非物質文化遺產從未採用過的研究視角。

正如蕭鳳霞回顧其華南研究時提出的想法：「自此（人類學的韋伯式轉向），像文化、歷史、權力和地方這些關鍵概念都經過批判反思，重新定義。文化不再被看作是靜態的、可量化的，也不是『擺在那

74　曾於哥根廷大學從事研究的內地學者方維規提到，早於 1940 年代，中國知識分子已嘗試用「國族」代指民族和國家，即英語中的「Nation」。方氏進一步解釋，「Nation」一詞的中文表達涉及上下的意思，而非像西方民族主義思潮般明確表示「民族造就的一個國家，也就是一個國家所造就的民族」。另一位中國內地學者許紀霖則說明民族大可分為兩種，其中一種是與國家同構的民族，可以簡稱為「國族」，其說法與方氏解釋「Nation」的用語接近。本書不同章節採用「國族」一詞，試圖了解文化遺產政策推動的過程，如何貫連起香港華人對中國文化認同的建構過程。此外，「民族」一詞在中國歷史與文化遺產研究中，多涉及少數或多元族群在地域上的文化發展的角色，而非其與國家機構互動的概念。因此，本文涉及相關概念時，均採用「國族」一詞而非以往常用但或須定義解說的「民族」一詞。關於此，詳參方維規：〈論近代思想史的「民族」、「Nation」與「中國」〉，《二十一世紀》，第 70 期（2002 年 4 月），頁 33-43；並參許紀霖：〈作為國族的中華民族何時形成〉，《文史哲》，第 336 期（2013 年 6 月），頁 129-135。

兒』、以物質和實踐的方式展現。」[75] 這點反映我們不應視一種民間信仰或技藝，抑或是傳承項目是靜態的文化。同樣地，嶺南地域文化也面臨著被選擇性記憶、解釋與記錄的過程。劉志偉研究嶺南地域文化時，提及地域文化的研究不只限於進行區域的風俗整理；他指出，人類歷史活動雖然受到自然地理分界所影響，但區域之間的阻隔地帶同時又形成一些區域與區域之間交往的空間，形成了地域的獨有形態，故研究地域文化不應局限於空間的獨有性，而要從更宏觀的面向探究。[76] 從此說明，地域儘管固定在某個環境中，但歷史仍不斷提供機會，讓「空間」和「地方」在不同的關鍵時刻，以不同的方式想像、構建和磨合。[77]

程美寶《地域文化與國家認同》一書，利用粵語、展覽會、學海堂的歷史、民俗學在廣東等元素，探討讀書人如何令地域文化認同轉化為近代國家觀念的表述。[78] 其研究不單發掘了很多廣東民俗史料，也反映地域文化本身與國族認同、國家觀念等話語的建構有密切關係，值得研究文化項目的學界人士關注及思考。程氏的研究觀念對本書的組成有很大影響，在其研究基礎上，本書將探討地域文化是否也能成為遺產話語生產過程中大眾認同的基礎部分，嶺南又如何成為香港的非遺持份者，成為展示文化傳統的主題話語。

因此，本書希望把嶺南從古至今民俗及文化遺產的話題結合，了

75　蕭鳳霞：〈反思歷史人類學〉，《歷史人類學學刊》，第 7 卷，第 2 期（2009 年 10 月），頁 110–111。
76　劉志偉、任建敏：〈區域史研究的旨趣與路徑 ── 劉志偉教授訪談〉，《區域史研究》，第 1 輯（2019 年 6 月），頁 3-38。
77　蕭鳳霞：〈反思歷史人類學〉，頁 111。
78　程美寶：《地域文化與國家認同》。

解不同時刻與場景之中，文化遺產的項目以及行動主體如何重新想像或構建嶺南及其所表述的地域文化，其中一點是希望展示嶺南不只被表述為香港非遺項目背後的文化腹地，而且，在香港的特殊文化空間中，嶺南經常被詮釋為國族傳統的承繼，以及香港社會與國家的連結。這些話題都未曾在過去非遺研究與地域文化研究中所展示，本書將會進一步完善相關論述，嘗試帶來一些學術貢獻。

四、本書大綱

為使讀者有系統地認識嶺南民俗由古至今的發展脈絡，以及嶺南論述在香港非遺的形成過程，本書分為八部分，除本部分導論，還有六個主要章節和總結，分別利用不同的研究方式，包括地理分析、田野調查、文本詮釋、檔案考證及流行文化理論等，以不同的專題形式，探討：（一）民俗形成背後的地理與風土脈絡、（二）宗族儀式與習俗的地域文化形成、（三）文人關於民俗對嶺南的描述與詮釋、（四）移民社會的民俗變化、（五）旅遊檔案與文獻看非遺的特色，以及（六）解構流行文化中的嶺南與非遺。這六個章節具體的框架如下：

第一章標題為「文化屏障：五嶺以南的地理、水文與風土」，內容分成兩大部分。第一部分將梳理歷代各種古籍對嶺南界限的劃分，觀察地理的界線，如何形成五嶺以南的空間與地域，特別是分析五嶺的變化及當中的關鍵，進一步深化討論上文提及的文獻描述，更會以各種歷史地圖作表述，以讓讀者了解嶺南的界線及範圍的移動，掌握古代如何確定嶺南的文化界線。第二部分，結合當代地理學與歷史地理的研究，探討嶺南的水文與風土特徵，如五嶺所建立的文化屏障以及沿岸的海洋

世界，從地理角度研究中國社會其他地域有所差異的空間是如何形成的，藉此探討往後的嶺南風俗、社會儀式及技藝的發展與實際場域產生的重要影響。

第二章標題為「保存嶺南：新界氏族的文脈、禮俗與風物的接受」。香港宗族文化的形成或宗族立村的口述傳說，均被列入香港非物質文化遺產清單，也是學者研究香港前代史或殖民管治前歷史所需要的研究素材。過往，這些宗族故事或立村傳說都用作解釋宗族在社區的功能及與中央政府的關係。本章希望通過這些與宗族相關的非遺項目，如點燈、春秋二祭、食盆、立村傳說等，嘗試了解社區如何接受儒學朱子家禮的過程，也從這些項目中論述嶺南社會禮俗意識的獨特性，藉此反映維繫嶺南古俗為何是香港宗族在村落維繫區域勢力的重要手段。

嶺南文人自宋明以來，日漸建立一套自身的禮俗與文化約束並於鄉村落實，換句話來說，嶺南文人在本地建立的宗祠不單反映本地文化的獨特風俗，也反映儒學在社會化及在地化的過程中如何演化為嶺南民俗的知識框架與基準。本章節將通過田野考察，嘗試發掘地方材料，探討這些氏族過去存在於田野的故事，嶺南文化與禮俗如何在新界乃至香港得以保存與維繫，例如在龍躍頭、元朗等地的天后廟裏發現了一些訂製自佛山等地、本地母親為子祈求風調雨順的銅鐘，用以解釋昔日香港的村落與廣州等地的經貿往來及文化交流，藉此說明這些嶺南的指標，如何組成當時香港宗族的風俗文化。

同一時間，宗族如何利用與嶺南文化的聯繫加強宗族身分認同，都會在這章節裏一併討論。在明清時期以來，各大宗族對內和對外的話

語，都會以嶺南與中原之間的聯繫作為一種文化紐帶，來顯示自己與其他社群的差異，進而獲取一些在社區的優越感。昔日這些族群強調中原的文化與政治聯繫，但隨著香港政府在 1960 至 1970 年代發展新市鎮，舊有的宗族社群開始改變其話語，利用其於嶺南的歷史價值與政府進行各種談判，以維繫與爭取其權益；另一方面，屏山文物徑、龍躍頭文物徑和屏山鄧族文物館的開幕，吸引了不少本地及外地遊客，宗族與政府在整個文化遺產形成的過程中，表述了不同的嶺南話語，以達成其各自的目標。

第三章標題為「書寫嶺南：方志、文人筆記與香港的嶺南民俗記載」。嶺南自明清以來，其學術之風自成一格，在 19 世紀前仍保持宋明儒學之風。19 世紀初學海堂的創立與發展，形成獨具當地文化特色的學術風氣，嶺南人士甚至認為自己的文化不是偏遠文化，而是中原古俗，這種文化的建構過程，對於認識香港非遺的文化傳統傳承非常關鍵。這種把嶺南民俗塑造為中原古俗的文化生產過程，是不少香港非遺主辦者及參與者積極維繫自身習俗與文化的推動力，他們藉此得到古雅與傳統的認證。民俗如何從愚昧行為轉變為南方中原古俗，是這章主要的探討焦點。

在遠離中原政治核心的社會環境，嶺南學人如何把中原的文化及意識帶到嶺南並進行在地化，呈現他們認定的嶺南形象？早於唐宋時期，一些文人筆記已略有提及嶺南人的生活，但未見具體的區域意識。直到明朝多次編製《廣東通志》，以及明末清初屈大均撰寫《廣東新語》後，嶺南的民俗開始有豐富的描述及詮釋轉變。這反映了古人對嶺南民俗的印象變化，也在間接構成嶺南民俗的文化價值與特色。

與此同時，本章將會以一些民間信仰，例如天后、北帝、金花娘娘等作為重點分析對象，了解這些神明在嶺南最早出現的形象，與今天香港所見的形象是否一致。通過分析一些重要文獻，如明朝《粵大記》、《嶺海名勝志》、《百越先賢傳》，清朝《廣東通志》、《廣東新語》、《新安縣志》、《澳門記略》、《粵謳》等，以及一些曾任職於嶺南一帶的官員記述，嘗試觀察嶺南在明清兩代以來如何被詮釋，其民俗形象如何被不斷轉化。

　　此外，過去都沒有足夠文獻認證客家社群是構成嶺南文化的重要部件。19 世紀至 20 世紀初西方傳教士的記錄、遊記及報章等對香港及嶺南地區的記載，將有助本書更全面闡述早期香港及嶺南地區的民俗文化。其中，不少德語區的傳教士來港後，都以客家社群作為傳教對象。為了貼近客家的生活，這些傳教士對客家人的生活、語言、文化作詳盡的了解，並展開一些深入的探討。例如，來自巴色差會（今基督教香港崇真會）的歐德理（Ernst Johannes Eitel, 1838–1908）、韓山明（Theodore Hamberg, 1819–1854）、黎力基（Rudolf Lechler, 1824–1908）、韋永福（Phillip Winnes, 1824–1874）等，曾先後在廣東各客家地區傳教。其中，歐德理發表〈客家漢人民族誌略〉及〈客家歷史大綱〉、黎力基發表〈客家漢人〉等，都是令客家身分在嶺南社會的地位得以改寫的重要憑證。[79] 耶穌會神父獲朗他尼（Simeone Volonteri, 1831–1904），又名和神父，為了有效地在香港各客家村落遊走，編繪了《新安縣全圖》，這地圖對各村落的表述，也對西方人認識「客家」

79　簡宏逸：〈歐德理與他的傳教士民族誌：客家研究的德意志起源〉，《全球客家研究》，第 7 期（2016 年 11 月），頁 1–40。

有一定的意義。因此，西洋傳教士甚或其他在港的非華裔人士對香港的各種文化書寫，也對我們認識香港非遺地域文化的形成、建構有顯著的幫助。

第四章標題為「嶺俗南來：移徙的嶺南信俗與族群認同的憑藉」，目的旨在探討香港作為移民社會，如何接收各種源於廣東或南方各村落、城市的信俗，並以嶺南的母鄉或文化特徵，作為社群維繫信仰的憑藉。同時，這些移徙到香港的群體在其經濟與社會條件改善後，如何反之將其文化傳播回廣東以至其他地區，都將會在這章節進行探討。

首先，針對一些存在於香港的民俗場域與非遺項目，如天后信仰、太平清醮、舞火龍、朱大仙醮等，本章將思考這些項目的文化特徵，如何顯示出其與廣東、嶺南、華南的關聯，例如長洲社群從佛山引入飄色、舞火龍與廣東客家村落的傳承關聯，[80] 以及朱大仙醮在粵東、港澳海域間的聯繫等。非遺項目反映嶺南文化一直徘徊在粵港澳之間，行政邊界的存在並沒有影響這些活動的發展；相反，這些現代邊界概念阻礙了當今大眾認識項目的文化形成過程。本章將帶領讀者了解項目從嶺南內陸轉移到沿海香港的變化，以及對其文化價值形成的意義。

此外，民國時期，中國南方有一連串的反迷信運動，在「改革風俗、破除迷信」的反宗教打擊下，不少信俗與宗教變得低調，甚至退出

80　梅州埔寨客家火龍與香港大坑客家舞火龍的舞動方式及紮火龍方式相近。惟梅州於元宵舉行，而香港於中秋舉行，在節慶目的上有所差別。

廣州一帶。[81] 一些習俗在香港及澳門等地得以繼承，逃過了完全消失的
厄運。1950 年代，大量民眾從中國內地移居香港，散居全港各地。同
時，他們也把其原居地的民間習俗帶到香港。

今天最為大眾和遊客認識的黃大仙信俗，正是在這種脈絡下，由
西樵山的賣藥商人帶到香港。後來，黃大仙在廣州消失了，我們只能通
過香港重建發源於嶺南的黃大仙信俗。這章將探討香港接收這些嶺南民
俗時的過程，說明香港如何成為繼承嶺南文化的重要文化空間，而在改
革開放後的中國內地推廣黃大仙信俗上，亦有重要的意義。[82]

除黃大仙信俗外，本章也會探究同樣是由難民而生的習俗 —— 潮
屬盂蘭勝會，以分析移居到香港的難民社群如何通過非遺項目與自身族
群的重新聯繫，在這個離散社會中找到慰藉。本章亦將闡釋來自潮汕
地區的九龍城汾陽郭氏，怎樣憑藉唐將郭子儀（698–781）作為共同祖
先，在香港建立祖祠，成為戰後香港一個獨特的社群，維繫家族的完整
與傳承。

這些例子，將會結合習俗參與者或廟宇人士的訪談，藉了解他們
怎樣看待嶺南作為地域文化及其與習俗間的關聯，試圖完整分析嶺南如
何成為社群舉行習俗時的維繫憑藉，又如何通過與原鄉的聯繫，進一步

---

81 Shuk-wah Poon, *Negotiating Religion in Modern China: State and Common People in Guangzhou, 1900–1937* (Hong Kong: The Chinese University of Hong Kong Press, 2010), pp. 1–16.

82 Graeme Lang and Lars Ragvald, *The Rise of a Refugee God: Hong Kong's Wong Tai Sin* (Hong Kong: Oxford University Press, 1993).

加強社群的集體認同及社會地位。

第五章標題為「香港就是嶺南？非物質文化遺產與保育旅遊營造的嶺南傳統」。1957 年，香港政府成立香港旅遊協會（Hong Kong Tourist Association，下稱旅協），向外推介香港各種旅遊項目。對外宣傳方面，旅協經常以「東方就是香港」（The Orient is Hong Kong）作招徠，宣傳品中亦介紹了不少香港的民間習俗與節慶，表示香港就是認識南中國甚或中國文化傳統的地方。例如，1960 年代的報章雜誌已說明長洲太平清醮已被視為「世界知名」活動，不少宣傳品對「Bun Festival」有詳細介紹。本章節將通過旅協的宣傳材料，說明香港的民間習俗在回歸前如何代表著中國文化及華南社會；而遊客又如何通過這些宣傳資料，潛移默化地認定嶺南的民間習俗代表完整的中國文化。

此外，華人廟宇委員會的檔案也將用於探討非遺與保育旅遊的議題。不少廟宇的宣傳資料也介紹各個委員會轄下的廟宇的信仰、儀式、宗教特色。本章將會通過對檔案的文本分析，了解政府有關單位及管理廟宇的從業員如何解釋廟宇儀式中的嶺南元素。這些檔案將以新的角度，探討嶺南地域文化建構香港廟宇文化過程中的意義。

2011 年，長洲太平清醮連同大澳端午龍舟遊涌、大坑舞火龍和香港潮人盂蘭勝會等，成為第三批中國國家級非物質文化遺產。政府的宣傳不但改變了這些項目的意涵，也重新解說或強化這些項目的嶺南文化與傳統。旅遊材料的研究，本身就是剖析文化如何被詮釋，而非遺與旅遊一向有千絲萬縷的關係。本章節將以旅遊史及新文化史閱讀史料的方式，了解官方機構或公營機構如何描寫與投射非遺項目中的嶺南元素予

遊客與大眾認識，從而建立一套標榜嶺南地域文化的價值觀。

　　第六章標題為「再現嶺南：香港流行文化展示的非物質文化遺產項目與嶺南詮釋」。回歸以前，香港流行文化產業可被視為亞洲文化的象徵，也是大中華區的文化指標。文化創作者亦會有意無意地在不同媒介介紹、融入、闡述各種香港民俗傳統與風貌。即使香港流行文化工業因非典型肺炎及盜版影響進入低潮而靠向中國市場，嶺南元素仍然是香港流行文化的主要表述。因此，本章將會以香港漫畫、[83] 電影、電視劇等文化文本作為個案，探討香港非遺裏的嶺南風俗元素如何被普羅大眾接收與理解，思考社會如何理解文化實踐與嶺南文化形塑的關係。例如電影《黃飛鴻之三：獅王爭霸》對舞獅文化與嶺南文化等議題作出深度反思，[84] 又動畫《麥兜故事》亦對太平清醮、非遺等問題作出表述。[85] 由此可見，流行文化不乏相關表述，反而這些表述應如何被詮釋為嶺南的象徵及符號，則未有研究涉及。本書將就此作出探討，試圖了解非遺活動中，嶺南作為地域文化的多重意義。2019 年，由香港西九文化區戲曲中心委約製作的紀錄片《戲棚》，[86] 以竹竿搭建成的戲棚為主題，片內連結著戲棚工藝、神功戲及族群認同，此例子也可用作探索流行文化的媒

83　可參考范永聰：〈「港漫」中的廣東文化形象：民俗文化之傳承與現代詮釋 ——以《新著龍虎門》為例〉，收入文潔華編：《香港嘅廣東文化》（香港：商務印書館，2014），頁 52-80；並參朱維理：〈港漫講故：20 世紀的香港漫畫〉，收入衣若芬編：《四方雲集：臺・港・中・新的繪本漫畫文圖學》（桃園：中央大學出版中心，2021），頁 99-144。

84　麥勁生談及黃飛鴻時，對舞獅方面甚有心得，詳參麥勁生：〈黃飛鴻 Icon 的本土再造：以劉家良和徐克電影為中心〉，收入文潔華編：《香港嘅廣東文化》，頁 81-89。

85　何志平：〈重辦搶包山　體現香港價值觀〉，香港政府新聞網，2005 年 5 月 24 日，https://www.news.gov.hk/isd/ebulletin/tc/category/ontherecord/050524/html/050524tc11002.htm，瀏覽日期：2021 年 12 月 3 日。

86　〈戲棚〉，西九文化區網站，https://www.westkowloon.hk/tc/bamboo-theatre#overview，瀏覽日期：2021 年 12 月 15 日。

介，如電影、音樂、動漫、電視劇等，如何延續非遺的傳承，藉此呈現嶺南地域文化的意識。

在最後總結的部分，本書將再次重申這次研究的新動態，它不只以全新的角度為讀者展示香港非遺的多種面貌及文化價值，也希望就非遺提出新的學術研究範式。過去的非遺研究，主要從原真性或保育策略的角度切入，[87] 研究內容未免重複、被批判沒有新見，又或把非遺淪為一種管理制度作政策式評論。這種面向不但無法有效地呈現什麼是嶺南，更沒有充分彰顯文化遺產學的研究價值。雖然過去有學者對香港非遺研究有所反思，例如廖迪生以各種非遺政策及資源的出現作為切入點，了解非遺概念在香港的創造過程；[88] 又如陳蒨就族群認同角度對潮屬盂蘭勝會的活動作出梳理等，[89] 但沒有學者以建立香港研究非物質文化遺產的範式為重心作全面的整理。

五、小結

本書不只帶領讀者認識非遺有趣的面向，更會進一步解構以往我們對非遺及嶺南傳統的既有認知，借鑑批判遺產研究的思考方式，以建

87　高寶齡：《發現香港：非物質文化遺產在香港》（香港：中華書局，2019）。

88　廖迪生指出中國政府參與聯合國教科文組織的非遺申報後，投入大量資源在調查、普及和保護傳承人及非遺項目；而香港也在中央與特區政府的協調下，開始推出有關非遺的政策。這些政策成為了推動非遺發展的資源。參廖迪生：〈傳統、認同與資源：香港非物質文化遺產的創造〉，收入文潔華編：《香港嘅廣東文化》，頁 200–225；並參廖迪生：〈「傳統」與「遺產」──香港「非物質文化遺產」意識的創造〉，收入氏編：《非物質文化遺產與東亞地方社會》（香港：香港科技大學華南研究中心、香港文化博物館，2011），頁 259–284。

89　陳蒨：《潮籍盂蘭勝會：非物質文化遺產、集體回憶與身份認同》（香港：中華書局，2015）。

基於華南研究的豐碩成果，嘗試把嶺南作為一種地域文化的話語進行分析；了解非遺在港形成、發展的過程，政府、大眾和不同機構社群如何詮釋與接受嶺南的概念，從而為中國內地、香港的非遺研究帶來一次範式轉移，為讀者帶來一次別開生面的非遺之旅。

本章作者

羅樂然
劉淑雯（香港教育大學社會科學與政策研究學系高級講師）

第一章

文化屏障：
五嶺以南的地理、
水文與風土

一、小引

　　傳統地理觀念對中國文人的世界有很大影響，五嶺成為古代中原人士認為「中國」與「嶺外」之間的天然屏障。從古至今，嶺北與嶺南無論是氣候、風俗、語言和飲食等各方面，都有明顯的差異。正如導論所說，五嶺的定義並不固定，歷史上不同認知差異的影響，對理解何謂五嶺亦有所不同。不過，從地理上認知，五嶺即湖南到江西進入嶺南地區五組山嶺組成的山脈之合稱，涵蓋的山脈範圍向東伸延至武夷相接，向南與九連山一體，向北與羅霄山脈相連。劉志偉認為這種地理上的認識，與文化意義上的區域概念有相通關係。古代把五嶺以南之地，稱為「嶺外」。唐宋時期，王朝會把需要流配的罪人送到嶺外。《舊唐書》有不少有關嶺外的記載，如武后執政時期，李氏宗室試圖率兵征討之，宗室諸王相繼被誅死，「其子孫年幼者咸配流嶺外」。[1]

　　嶺外有著「非中原之境」的意義，是遠離主流社群的境界。唐代詩人宋之問（656–712）曾寫詩：「嶺外音書斷，經冬船歷春。」[2] 可想而知嶺外之境，與中原在文化交流上會因路途遙遠與地理限制所隔絕，使得不少中原皇權未有延伸其政治勢力至南方，實際的管治亦不多。因此，地理的隔絕使得唐宋以前的嶺南文化與中原文化形成極大的差異。當然，這種差異的說法一般都是來自古代文人地理限制與文化差異連結而形成的想像。例如，宋代周去非（1135–1189）任桂林地方官時

1　　劉昫等：《舊唐書》（臺北：鼎文書局，1981），本紀卷 6，〈武曌紀第六〉，頁 119。
2　　宋之問：〈渡漢江〉，收入李昉等編：《文苑英華》（北京：中華書局，1966），卷 162，〈詩十二・地部四〉，頁 773a。

曾撰寫《嶺外代答》一書，詳列各種廣西與嶺南一帶的人文地理與風土的記載，用「嶺外」一詞象徵五嶺以南乃蠻夷化外之地，與中原文化有一定的差異。如馬雷所指，唐代天寶正式劃出嶺南道以前，嶺南並非等同五嶺以南。文字表述上，嶺南只是代表山脈以南的空間，並不等同今天中國南方五嶺山脈以南之空間。[3] 不過本章將結合歷史地理學對嶺南區域的分析及古人的地理想像，嘗試解釋這五組山嶺如何對廣東一帶的氣候、生活形態、環境等帶來明確的影響，並對民俗文化與非遺項目的形成有關鍵的作用。除此之外，嶺南地區與海洋並生，河流網絡發達，也是促進地域文化成長的重要養分。不少文化習俗與風物形態，都受此背景所影響，地域裏的各個社群亦因這背景而有所聯繫。本章將從氣候特徵出發，了解嶺南的氣候現象所帶來的文化影響，並從五嶺山脈、西江系統、沿海環境等三大嶺南獨有的地理環境因素進行探討，嘗試了解從古至今的地理與氣候，如何形成不同的自然資源及文化需求，影響著地區的人文風俗發展。

二、氣候特徵

　　清代文人吳綺（1619-1694）來自江蘇湖州，撰有《嶺南風物記》，他用江南天氣與嶺南比較：「嶺南節氣大抵與江南早三月。」[4] 另外，他又指：「嶺南天氣如三四月，時夏多雨則不熱，時秋無雨則甚熱。」他

3　馬雷：〈「嶺南」、「五嶺」考〉，《中華文史論叢》，2015 年第 4 期，頁 356。
4　吳綺撰，宋俊補，江闓訂：《嶺南風物記》，收入《景印文淵閣四庫全書》，冊 592（臺北：臺灣商務印書館，1984），〈史部十一・地理類八〉，頁 1。

甚至引用「東坡詩」說：「四時皆似夏，一雨便成秋。」[5] 江南中原文人對嶺南氣候的既定印象在短短三句中，已明確表明。簡言之，四季天氣差異不大，有雨時則較涼快。

同樣來自江南的文人汪森（1653–1726）曾於桂林擔任地方官，編輯及撰寫有關當地實際境況的《粵西三載》，有詩、文、叢等內容。〈氣候論〉中，他引用了晁錯（前 200 年 – 前 154 年）粵地乃「少陰多陽」之說。[6] 又引用《嶺南衛生方》作者宋代醫家李璆（卒於 1151 年）的南方氣候觀作進一步補充：

> 南方地卑而土薄，土薄故陽氣常泄，地卑故陰氣常盛。陽氣泄故四時常花，三冬不雪。一歲之暑熱，過中人居其間，氣多上壅，膚多出汗，腠理不密，蓋陽不反本而然。陰氣盛故晨昏多露，春夏雨淫，一歲之間，蒸濕過半。盛夏連雨，即復淒寒，衣服皆生白醭。人多中濕，肢體重倦，多腳氣等疾，蓋陰常盛而然。陰陽之氣既偏而相搏，故一日之內氣候屢變。[7]

5　這似乎有誤引的情況，據筆者考據《四庫全書》不同卷集，不見同類詩句出現在東坡詩集中，反而元朝郝經（1223–1275）〈江暑〉中有「四時長似夏，一雨便成秋」的詩句。但詩中描述的是吳江地區的氣候，而非直接說明嶺南的天氣。詳參郝經：《陵川集》（臺北：臺灣商務印書館，1972），卷 14，〈律詩·江暑〉，頁 8b。這種記述在不少地方志裏都有記載，如《香山縣志》、《廣東通志》，都表明是蘇軾詩作。明時嘉靖年間任海南官的顧岕（生卒不詳）則指該詩為地方諺句，未有表明是否東坡詩。詳參顧岕：《海槎餘錄》，收入鄧士龍輯，許大齡、王天有點校：《國朝典故》（北京：北京大學出版社，1993），卷 105，頁 2110。

6　汪森編：《粵西文載》，收入《景印文淵閣四庫全書》，冊 146（臺北：臺灣商務印書館，1986），卷 57，頁 23b。

7　汪森編：《粵西文載》，卷 57，頁 23b。

以上是李璆在宋代的說法。然而，明清時期的地方文人仍然對廣東的氣候有同樣的感受，如《新安縣志》裏的描述明顯有所繼承：

> 粵為炎服，多燠而少寒，三冬無雪，四時似夏，一雨成秋，其舒早，其肅遲，邑介懷、莞之間，西南濱海，厥土溼泥，水氣上蒸，春夏淫霖，庭戶流泉，衣生百醭。即秋冬之間，時多南風，而礎潤地濕，人腠理疏而多汗。諺曰：「急脫急著，強於服藥。」此氣候之大較也。[8]

另外，屈大均撰寫的《廣東新語》也提到：

> 嶺南之地，其屬韶陽者，秋冬宜寒而反熱，春夏宜熱而反寒。青艸、黃茅二瘴，即土著亦有染者。大抵冬不堪寒而春寒，夏不甚熱而秋熱，似與嶺北氣候較遲。而風鳶之戲，嶺北以八九月，嶺南以二三月，則地氣升降，不惟稍遲，亦似相反，則亦楚之風候也。[9]

韶陽者，即風光名媚的溫暖陽光，屈大均認為相對其他地區，嶺南的夏天並非是最顯著的熱天，冬天也非最寒，反而春寒秋熱是這裏的氣候特色。這種思考方式，實與吳綺比較嶺南與江南的想法接近，即嶺南的天氣實際是較江南延遲。

8　舒懋官主修，王崇熙總纂：《嘉慶新安縣志》（清嘉慶二十五年刊本），卷2，〈氣候〉，頁60。
9　屈大均：《廣東新語》，卷1，〈天語‧風候〉，頁14。

當然天氣炎熱也是普遍華南地區的典型現象，像《廣東新語》所形容一般：「廣州風候，大抵三冬多煖，至春初乃有數日極寒，冬間寒不過二三日復煖。」[10] 嶺南南風常盛，從現代地理學角度來說，是南中國海風向，帶進嶺南地區，故冬寒時一般數天後便回暖，並不像其他省份一樣，整個季節持續寒冷。

以現代地理概念來說，嶺南具有熱帶、亞熱帶地區氣候特點，故嶺南的氣候獨特性，[11] 就是該區一年中存在較多炎熱且潮濕的日子。因此，不少嶺南人利用各種智慧來應對氣候帶來的影響，除了涼茶外，中醫藥的應用、漁民作業方式、木傢具製作技藝、園藝、稻米或蔬菜種植等，[12] 都基於嶺南的炎熱季節而相應出現，在五嶺以南的地域形成一些獨特的風俗與生活方式。

三、五嶺山脈

廣東北倚五嶺，粵地區北部與贛湘桂交界處，乃長江與珠江大水系的分水嶺。[13] 正如導論所說，五嶺一詞有不同定義，但無論由誰來界定，想法大致一致，就是表述五嶺山脈是一個阻撓中原與嶺外交往的物理限制。因此，不少學者在強調嶺南與中原之間的文化互動與融合

10 屈大均：《廣東新語》，卷1，〈天語‧風候〉，頁13。同樣地，亦因此「火不結於地下而無冰，水不凝於空中而無雪，無冰無雪故煖」。這種溫暖天氣是嶺南的氣候特徵。
11 陳代光：〈論歷史時期嶺南地區交通發展的特徵〉，《中國歷史地理論叢》，1991年第3期，頁76。
12 這些都屬於香港非遺清單的項目。
13 廖幼華：《歷史地理學的應用：嶺南地區早期發展之探討》（臺北：文津出版社，2004），頁17。

時，都會把秦朝馳道打通、漢武帝（劉徹，前 156 年 – 前 87 年）出兵征服南越、張九齡（678–740）開鑿大庚嶺通南北等，視為中原與嶺南彼此之間融合的突破關鍵。

　　北方一帶的五嶺山脈，即大庚、騎田、都龐、萌渚、越城，從西至東延綿一千多公里，阻隔了嶺南與北方的交通聯繫，是巨大的天然屏障。[14] 同時，粵閩之間亦有蓮花山脈（古代稱為揭陽嶺），西邊則與川、滇、黔等地的山脈分隔，故上述面貌在地理上限制了民間的交通。因此，不少早年的學者形容嶺南有甚少受外界衝擊的區域特徵，唐宋以前的政治較為長治久安，[15] 與中原多變的格局有鮮明分別。

　　隨著中原王朝的政治勢力延伸，嶺南與中原間開始有過嶺山道的建成，越過五嶺，使得五嶺南北之間可以有限度地交流。陳代光（1936–1998）利用不少先秦文獻證據，嘗試指出當時聚居南方的百越已向中原諸侯國進貢，[16] 故必然有著交流的通道。馬雷指原來的「嶺」意思應為山道，後來延伸至今天山嶺的意義。[17] 因此，古人曾指華南與中原之間的交通為「自北阻南，入粵之道必由嶺嶠」，[18] 指與北方的連結，必須經過山嶺間的山道。陳代光指五嶺南北通道有四途，一為越城道，二為桂嶺道，三為騎田道，四為大庚道（或稱梅嶺道）。其中，越城道是秦朝至唐朝時期主要的交通幹道。後來，隨著張九齡在唐開元四年（716）開

14　陳代光：〈論歷史時期嶺南地區交通發展的特徵〉，頁 76。
15　陳代光：〈嶺南歷史地理特徵略述〉，《嶺南文史》，1994 年第 1 期，頁 10。
16　陳代光：〈論歷史時期嶺南地區交通發展的特徵〉，頁 77。
17　馬雷：〈「嶺南」、「五嶺」考〉，頁 352。
18　房玄齡等撰：《晉書》（臺北：鼎文書局，1980），卷 15，〈地理下・交州〉，頁 464。

鑑大庾道，[19] 該路於是成為最主要的通道。

　　張九齡撰有〈開大庾嶺路記〉，裏面提及五嶺山脈如何造成民眾的不便：「初嶺東廢路，人苦峻極，行逕夤緣，數里重林之表。」[20] 他進一步表達當時山道的困苦：「飛梁嶪嶻，千丈層崖之半。顛躋用惕，漸絕其元，故以載則曾不容軌，以運則負之以背。」[21] 因此，張九齡被後世稱為「嶺南第一人物」。[22] 明朝大儒丘濬（1421–1495）題張九齡祠時曾說：「嶺海千年第一人，一時功業迥無倫。江南入相從公始，袞袞諸賢繼後塵。」[23] 明代郭棐（1529–1605）形容：「……內供奉右拾遺張九齡開鑑成路，行者自後無道難之嘆……」[24] 這些高舉張九齡地位的書寫，實際反映的是張氏在嶺南的交通經營方面的成就，使得嶺南得以突破五嶺山脈的限制，與北方有更多的交往。唐宋以後，嶺南與中原的文化互動更為密切，同化程度日漸提升。

　　張九齡開鑑山道後，南雄珠璣巷的傳說在嶺南各宗族中流傳。屈大均指：「吾廣故家望族，其先多從南雄珠璣巷而來。」[25] 蘆敏的研究指出，現時珠璣巷傳說在廣東珠江、廣西東南、青海、河南等地都有流

19　關於此，詳參王元林：〈唐開元後的梅嶺道與中外商貿交流〉，《暨南學報（人文科學與社會科學版）》，2004 年第 1 期，頁 128。
20　張九齡：〈開大庾嶺路記〉，收入董誥等編：《全唐文》（北京：中華書局，1987），卷 291，〈張九齡·九〉，頁 2950。
21　張九齡：〈開大庾嶺路記〉，頁 2950。
22　何格恩：〈張九齡之政治生活〉，《嶺南學報》，第 4 卷，第 1 期（1935），頁 22。
23　丘濬注「南方人在公前無為相者」，反映張九齡在嶺南的歷史意義。見丘濬：《瓊臺會稿》（臺北：臺灣商務印書館，1973），卷 4，〈寄題曲江張丞相祠〉，頁 63。
24　郭棐編撰，陳蘭芝增輯：《嶺南名勝記增輯點校》（西安：三秦出版社，2016），卷 10 上，〈梅嶺記·梅嶺曲江祠記〉，頁 844。
25　屈大均：《廣東新語》，卷 2，〈地語·珠璣巷〉，頁 49。

傳，其中珠江三角洲早在明代已形成相關說法，一般都是指這些士族為了逃避亂事，越過五嶺山脈，通過南雄珠璣巷來到較安逸的社會空間且定居。[26] 她進一步分析，珠璣巷成為一個群體認同意識，使得不少移民與原住民爭相傳承與建立與珠璣巷傳說相關的連結，來展示自身族群與中原之間的連繫。由此可見，五嶺山脈的地理限制把嶺南與中原完全隔開，張九齡開鑿梅嶺山道後，中原士族藉此進入廣東，避過各種衝突與混亂，但同時亦形成了即使越過五嶺山脈自身仍是中原之後的意識，影響著嶺南風俗的形成。

德國地理學家彼得曼（August Heinrich Petermann, 1822–1878）為協助傳教士了解廣東地形，在 1878 年繪製概覽德國傳教站位置的廣東地圖，展示了廣東被各山脈包圍的情況，可想而知五嶺確實把廣東在地理上與北方各省隔絕（見圖表 2）。[27]

26　蘆敏：〈南雄珠璣巷移民傳説形成原因探析〉，《中州學刊》，2018 年第 9 期，頁 122。
27　"Originlkarte Provinz Kwang Tung (Canton)," University of Texas at Austin, https://maps.lib.utexas.edu/maps/historical/kwang_tung_1878.jpg, accessed Aug. 1, 2023.

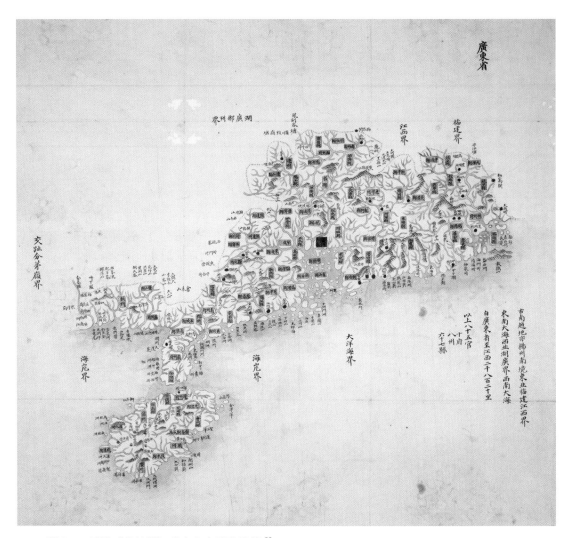

圖表 1　朝鮮《輿地圖》載廣東省部分地圖[28]

28　首爾大學奎章閣韓國學研究院藏《輿地圖》（寶物第 1592 號），為 18 世紀末的寫本彩色
　　地圖冊，當中準確地展示了廣東省各府各縣的位置。

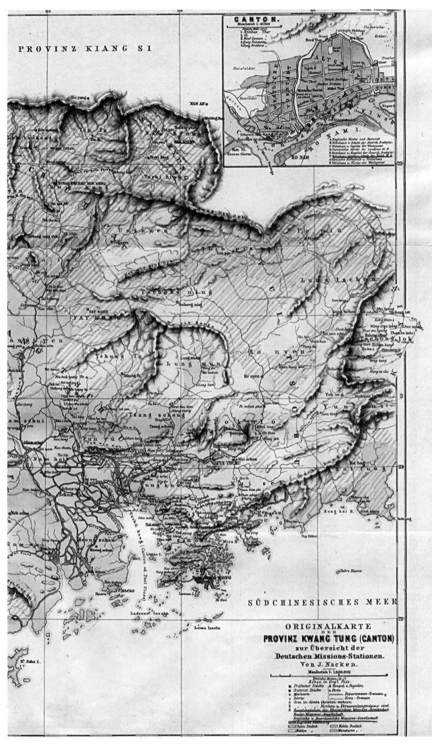

圖表 2　德克薩斯大學藏彼得曼 1878 年廣東地圖（部分）

四、珠江系統

　　珠江由北江、西江與東江匯流而成，流域面積超過 45 萬平方公里，[29] 其中有一半的廣東陸地面積，都處於珠江流域。因此，廣東水路交通異常發達，亦是內河通航里程較多的省份。西江從梧州到廣州，北江從閩西到惠州、東莞，東江從江西到清遠，最終於珠江三角洲區匯合，然後入海。古代交通以海道、海路為最快捷的通道，不少人文活動與經濟產業都通過珠江系統在嶺南各區互相連貫。

　　新安縣距離廣州府超過 90 公里，陸路交通不容許頻繁的人流交往。可是，水道的發達卻為社會帶來不少風俗與物質上的互動，間接影響古代新界一帶的村民能與廣州府 —— 嶺南的社會文化核心地區 —— 有更緊密的連繫。例如，新界不少村落廟宇裏，都保存著一些佛山製作的古鐘。例如龍躍頭天后宮裏有兩座古鐘，兩口鐘分別立於康熙三十四年（1695）及康熙三十九年（1700）。前者目的為酬謝神恩，[30] 後者則有龍躍頭的母親希望子弟離鄉赴考時獲天后保佑。[31] 兩口古鐘同屬佛山製造，前者為佛山忠信爐造，後者為隆盛爐造。這事例反映早年嶺南的地理形勢，通過水路連繫新安與府城的商業來往。另外，康熙時期落成的大澳楊侯古廟也有一口刻於康熙三十八年（1699）的古鐘。[32] 以上資料，可引證佛山製作的古鐘，當時通過圖表 3 所顯示的水路，流通到香港各村落，成為各村落善信與神明溝通的重要物質憑藉。

29　廖幼華：《歷史地理學的應用》，頁 18。
30　科大衛、陸鴻基、吳倫霓霞編：《香港碑銘彙編》，冊 3，頁 652。
31　科大衛、陸鴻基、吳倫霓霞編：《香港碑銘彙編》，冊 3，頁 653。
32　科大衛、陸鴻基、吳倫霓霞編：《香港碑銘彙編》，冊 3，頁 653。

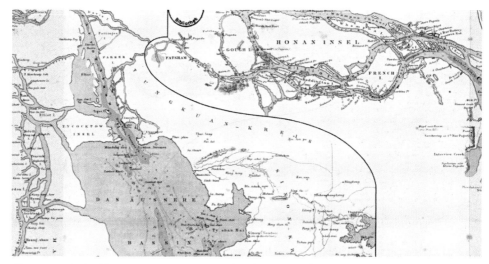

圖表 3　巴色會所藏 *Der Canton-Strom*（〈廣東省河流〉）

　　除古鐘外，香港各祠堂、書室、廟宇建築，大都放置了石灣窯
所大量生產的陶塑與屋泥塑作為上方屋脊的裝飾，這些屋脊又稱為花
脊，一般以粵劇故事和歷史民間傳說為題材，有不少亭臺、樓閣與石山
等的建築做背景，並有不少神獸、動物、花鳥、吉祥水果、花樣等圖案
作點綴。[33] 這些民俗特色，通過水路的聯繫傳播到珠江流域的各城鎮，
香港亦不例外。同時，這些花脊也隨著廣東商人的發展步伐，傳播到海
外東南亞、澳洲的華人社區建築。

　　香港各村落隨處可見石灣花脊的陶塑公仔，而數量多寡，實際上
影響村落在地域上的聲望與話語權。因此，各村落或廟宇組織都爭相利
用這些陶塑公仔襯托建築，為的是讓自身組織或家族，受到社區各界人
士的尊崇。[34] 珠江水道網絡的發達，使得位處地域中心的廣府的城市文
化，被偏遠區域的宗族或具社會地位的社群視為文化指標，作為展現

33　黃慧怡：〈青山龍窰　孕育港式石灣陶藝〉，《明報》，2018 年 4 月 15 日，頁 S08。
34　馬素梅的專書曾以述卿書室的進前封簷板為例，當中有各種象徵多福、多壽、多喜的吉
　　祥符號，如核、瓜、如意等，也有一些文人穿學士衣的公仔，象徵代代出仕和帶子上朝
　　的意思。此外，同一書室裏亦有一些展示了李世民持搶、秦叔寶持二鐧、程咬金持斧和
　　尉遲敬德持槍的陶塑公仔，寓意書室武將人才輩出。因此，這些陶塑是宗族主人家展示
　　其社區地位的重要手段。詳參馬素梅：《香港屏山古建築裝飾圖鑑》（香港：馬素梅，
　　2014），頁 134–135。

群體文明水平的手段。[35] 因此，這些陶塑工藝，在更為偏遠的地區如香港，能更容易地傳播。上述事例反映著珠江流域網絡，使得嶺南各地的文化，通過水道而擁有較其他縣府更為密切的聯繫，府城的文化順著珠江輻射至全省各地，不同類型的非遺傳統，也藉此傳遞到邊緣區域。

此外，受限於現實政治的城市領域劃分，我們會很理所當然地直接把香港特別行政區的區界與廣東省視為二元的文化體系；但是通過對珠江系統的理解，我們可以看見施堅雅所指區域中心與周邊區域通過貿易與墟鎮網絡建立聯繫的過程。香港大澳傳統龍舟協會的秘書溫福明向研究團隊分享大澳的文化風俗時表示，他與其他大澳漁民昔日經常到澳門一帶購買日常生活必需品，有一次他因越海界，被珠海警方拘捕及拘留了一段時間。[36] 這段普通漁民的記憶往事，卻可讓我們了解到在現代邊界概念形成以前，珠江口是區域內各漁村共同生活的空間及生活圈，彼此之間不受政治的界限，可自由航行與遊走。又如朱大仙醮起源於粵東惠州一帶，現在卻主要流行於珠江口的東西口 —— 澳門和大澳還仍然流行。[37] 此外，西貢高流灣村在 2023 年補辦安龍清醮，村長陳天有接受研究團隊訪問時表示，[38] 他們的醮棚神壇都會請一些附近的「天后」看戲。2023 年考察所見，南澳、鹽田、大青針等深圳東部及惠東

35　黎麗明：〈「藝術家」的塑造 —— 清末以來廣東石灣陶瓷從業員的身份地位建構〉，《歷史人類學學刊》，第 7 卷，第 1 期（2009 年 4 月），頁 97–101；Fredrikke Skinsnes Scollard, "A Study of Shiwan Pottery" (PhD Thesis, Hong Kong: University of Hong Kong, 1981), pp. 394–396。

36　溫福明先生於大澳接受研究團隊訪問，2022 年 6 月 2 日。

37　關於朱大仙醮在珠江口港澳兩地的傳播，詳參鄭煒明、陳德好：《醮會道釋：港澳朱大仙信仰的人類學田野調查（2008–2012）》（澳門：澳門理工學院，2013），頁 10–14。

38　陳天友先生於高流灣村接受研究團隊訪問，2023 年 4 月 30 日。

圖表 4　編者（右一）與溫福明先生（右二）合照

圖表 5　高流灣村鄰近地區的天后「紙飛」神位

所屬漁村社區的「天后」都被邀請進入神壇，[39] 可見昔日漁村的社區網絡沒有受限於邊界，反而是一個流動的大鵬灣海上社區。因此，方便快捷的珠江水道網絡不只推進了區域內的貿易活動，也同時把某地的文化習俗，傳播到網絡周邊或更邊緣的地區，使得風俗影響的地區進一步擴展。

五、沿海地理

嶺南靠近南中國海，無論在城市還是鄉村生活，或多或少都受到海洋屬性所影響。我們一般把海洋和鄰近的陸地各自當作一個區域，但如果以海洋為中心的貿易路線流動為中心考察，可更了解陸地與世界的聯繫。而嶺南社會面對的世界有別於中原，也因此造成嶺南大眾與中原大眾有不一樣的思考方式，無形成為南與北之間的文化差異。[40]

張九齡開鑑梅嶺山道最關鍵的原因，是航海對嶺南頗為重要，但是山路限制了商旅經陸路從嶺南走到北方，故他認為朝廷應該通貫南北之間的山道，體恤有功於庫房的商旅：「*而海外諸國，日以通商，齒革羽毛之殷，魚鹽蜃蛤之利，上足以備府庫之用，下足以贍江淮之求。而越人綿力薄材，夫負妻戴，勞亦久矣，不虞一朝而見恤者也，不有聖政，其何以臻茲乎？*」[41] 由此可見，嶺南社會的沿海地理特徵，推動在地社群對外通商維生，故海外文化的在地傳播，也日漸成為構成嶺南文

---

39 大青針，隸屬惠州市惠東縣，又名大星簪。
40 蕭鳳霞：〈反思歷史人類學〉，頁 135。
41 張九齡：〈開大庾嶺路記〉，頁 2950。

圖表 6　廣州西部黃埔區南海神廟「海不揚波」牌坊

化的重要部分。

　　廣州西部黃埔區的南海神廟，是隋唐以後的百姓祈求「海不揚波」、出遠航順利的廟宇。歷代官員都代表皇帝祭奠南海神，希望保佑船隻出海順利。南海神又稱為廣利王或是洪聖，是南海的水神。神廟中除了供奉洪聖及其兒子、夫人外，在廟大殿內外各有一處擺放一個獨特的塑像，該塑像是一位皮膚黑實、穿上官服的人物，名字稱為達奚司空。相傳達奚司空是唐太宗年間從印度乘船到廣州的商人，在廟前種植波羅樹。及後，因錯過了商船而無法離開廣州，故終在此處化為神仙。達奚司空故事的真偽並不重要，[42] 重要的是故事的創作與流轉，反映了廣州作為通商口岸的歷史，嶺南之地和南中國海各國通過海域貿易而有互動。

42　張振康：〈10-13 世紀広州における南海神廟・南海神信仰研究の現状と課題〉，《人文研究》，第 70 卷（2019 年 3 月），頁 253。

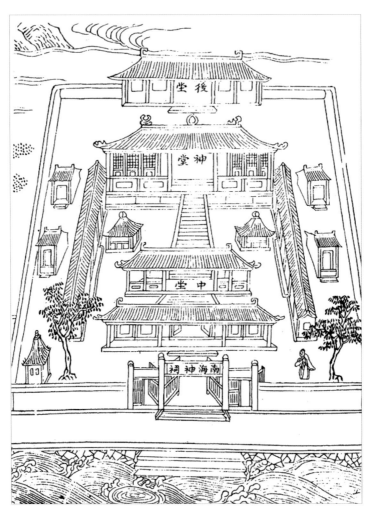

圖表 7　明郭棐《嶺海名勝記》中的南海神廟

圖表 8　達奚司空像

圖表 9　明郭棐《嶺海名勝記》中的達奚司空像

今天廣州越秀區亦有兩所與外來商旅有關的文化遺產，分別是清真先賢古墓及懷聖寺。其中，相傳清真先賢古墓裏安放了伊斯蘭教先知穆罕默德（570-632）的舅父宛葛素（？-629），至今屍骨仍置於古墓內。同區另有一所名為懷聖寺的清真寺，貞觀元年（627），廣州的穆斯林為紀念穆罕默德而興建此寺，並命名為懷聖寺。阿拉伯人通過海路經印度洋到達南中國海，並以廣州作為其商貿及傳教據點。這種對外的互動形成嶺南社會對泊來品的好奇及接納。

傳統認為古代中國是一個不積極參與全球貿易的國家，但是馮客（Frank Dikötter）的研究指，自 1450 年代鄭和（1371-1433）下西洋以來，方便快捷的航海貿易網絡，為沿海華人社群 —— 特別是嶺南地區的大眾 —— 帶來了新的經濟活動機會。珠江三角洲不只是出口貿易地、工業生產地，區域內的居民亦經常接觸來自世界各地不同的物品與資源，特別是一些奢侈品如鐘錶、擺設與工藝品等，慢慢影響其生活形態。[43] 沿海地理確實影響了不少廣東人的生活方式，與北方其他省份稍有不同。遷界令實行期間，為解決廣東、福建等地沿海住民的糧食困難，中央容許這些省份免稅進口暹羅米。自此，廣東人以依賴泰國大米聞名於世。[44] 另外，新田大夫第內的數塊彩繪玻璃，及建築樑木上刻有西洋時鐘圖案等，都說明嶺南各地家族藉泊來品展示社會地位，對於風俗與文化習俗的傳承，有關鍵的意義。

43 Frank Dikötter, *Things Modern: Material Culture and Everyday Life in China* (London: C. Hurst & Co, 2007), pp. 28–32.
44 呂紹理：〈近代廣東與東南亞的米糧貿易（1866-1931）〉，《國立政治大學歷史學報》，第 12 期（1995 年 5 月），頁 35–37。

圖表 10　廣州越秀區
懷聖寺

圖表 11　清真先賢古墓——宛葛素墓

圖表 12 新田大夫第內的西洋彩繪玻璃

圖表 13 新田大夫第樑木上的西洋鐘圖案

另外，《新安縣志》認為新安與其他縣府不同之處在於「他處以抵海而止，而新安則海外島嶼甚多，其下皆有村落，固不能不合計」。[45]由此可見，島嶼村民的生活，也是這裏形成各種文化習俗的關鍵地理特徵。沿海生活，除了使嶺南百姓更容易接觸外界知識從而將海外文化融入生活之外，也能看見百姓有一套文化習慣，用來調適他們在海島或沿海的生活。例如，不少嶺南的民俗信仰都涉及海神、與出海相關，以長洲太平清醮的儀式為例，醮會儀式之一的祭水幽，就是在艇上及岸邊完成祭祀水中亡魂的習俗，希望亡魂不要影響陸上村民，體現了海島特徵。所以，長洲太平清醮雖在陸上舉行，但面向的還是海洋世界。

六、瘴氣的形成

古代醫學思想中，方域與疾病的關係密切。古代醫書有對南方環境作詳盡的描述，以及處理其病症的方法。例如金代張從正（1156–1228）便指「南方瘴霧卑濕，而多痹疝」。[46] 元代另一位醫者曾世榮（1252–1332）亦指「北人水氣多，南人瘟疫盛，地氣天時使之然也」。[47]

瘴氣，一般被視為一種存在於南方山林間、能致病的氣體，如《嘉慶廣東通志》轉引古醫書指：「南人凡病，皆謂之瘴，率不服藥，惟事

45　舒懋官主修，王崇熙總纂：《嘉慶新安縣志》，卷 2，〈氣候〉，頁 58。
46　張從正：《子和醫集》（北京：人民衛生出版社，1994），卷 1，〈七方十劑墨繩訂〉，頁 21。
47　曾世榮：《活幼口議》（北京：中醫古籍出版社，1985），卷 3，〈議張氏方〉，頁 48。

祭鬼，設犯傷寒，陰陽二症，豈有坐視而不藥耶。」[48] 這種說法也反映嶺南人深信自己生活受瘴氣困擾的世界觀。

嶺南被視為瘴氣之鄉，而瘴氣只在南方盛行，屬風土病，在北方少見相關病症。[49] 無論是夏天的青草瘴，還是秋冬的黃芒瘴，嶺南百姓一年四季都被瘴氣所困。[50] 醫書《諸病源候論‧瘧病諸候‧山瘴瘧候》說：「此病生於嶺南，帶山瘴之氣。其狀，發寒熱，休作有時，皆由山溪源嶺嶂溫毒氣故也。其病重於傷暑之瘧。」[51] 一般來說，中國瘧區有其分佈，北緯 25 度以南為穩定的高瘧區，嶺南正屬此區域，一年四季都會發生相關的病症傳播。

古人認為南方天氣卑濕，加上炎熱，視其為毒物所聚之地。相反，不少古籍都認為北方（或中原）土氣溫和，並無毒物。當然，從當代的地理學角度出發，我們可以理解濕氣、溫度的高低如何構成嶺南整體的氣候。張文指出，所謂瘴氣和瘴病，其實是中原文化建構南方形象特徵的表現，同時反映地域偏見。[52] 為了呈現南方與中原之間的差異，古代文人經常以「瘴氣籠罩整個嶺南」等語句，來襯托中原的宜居。

48 阮元等纂修：《道光廣東通志》（同治甲子二月重刊本），卷 92，〈輿地略十‧風俗一〉，頁 3b。
49 范家偉：〈六朝時期人口遷移與嶺南地區瘴氣病〉，《漢學研究》，第 16 卷，第 1 期（1998年 6 月），頁 34。
50 范家偉：〈六朝時期人口遷移與嶺南地區瘴氣病〉，頁 36。
51 巢元方著，丁迪光校注：《諸病源候論》（北京：人民衛生出版社，1991），上冊，卷 11，〈瘧病諸候〉，頁 336–337。
52 張文：〈地域偏見和族群歧視：中國古代瘴氣與瘴病的文化學解讀〉，《民族研究》，2005 年第 3 期，頁 77。

圖表 14　2020 年大澳端午遊涌

　　這種文人對瘴氣的書寫，確實使五嶺百姓深刻認為他們身處環境的氣候較差，有著各種炎熱、潮濕、邪毒問題。一些非遺項目或民間風俗，都經常以去除瘟疫或解決毒性為標榜，如家喻戶曉的涼茶，本身並非針對個別疾病的產品，而是應對南方氣候對身體造成不適的飲品。[53]

　　同時，香港不少傳統習俗如大坑中秋舞火龍、長洲太平清醮、大澳端午遊涌的起源，都涉及瘟疫在社區橫行的傳說，村民為了應對各種疫病的困擾，都希望藉神明的祝福、儀式法事的力量，把病症在社區去除。從古代醫學角度來看，瘴氣是一種病症的綜稱；但從文化角度及社會角度來看，是一種中心文化對邊緣文化的偏見與想像。可是，這種文化想像也深深烙印於南方社會人民心中，他們希望克服地理限制與文化屏障，透過民間智慧，無論是習俗或是工藝，改善其在嶺南的生活。

53　鄧家宙：《香港非物質文化遺產系列：涼茶》，頁 29。

七、小結

　　中國大江南北都有和嶺南相近的地理形態，如相同的緯度氣象、面向海洋、山脈包圍等，但是三者高度結合的情況卻是嶺南獨有的，也是嶺南文化構成的關鍵背景。文化屏障一方面是地理上的實際限制，導致南北之間缺乏同化的交流活動，使得嶺南遠離中原，形成獨有的一套文化觀；另一方面，地理上各種特徵的書寫，也是嶺南人與中原人如何把自身文化的變化或特徵，訴諸在居住地的地理形態裏的表現。當然，地理、物產與氣候等，本來是人生活演變與文化變遷的最基本條件，嶺南也不例外。只是，嶺南文化的構建，不只基於山脈的包圍、緯度氣候的影響、海洋世界的衝擊，而是多重地理特徵互動而成的。因此，要進一步探討嶺南的風俗和文化，不能忽視背後的地理因素。

本章作者

羅樂然

韋柔安（香港都會大學人文社會科學院哲學碩士研究生）

第二章

保存嶺南：
新界氏族的文脈、
禮俗與風物的接受

一、小引

在人類學家華琛提出神明標準化的文章前，昔日的學者都認為明清社會以儒家為主導思想，像斐利民指中國並沒有大小傳統的分歧，宗教、思想上，上下階層都遵從著由儒學建構的社會或信仰秩序。[1]華琛同樣通過天后的神祀標準化來說明大一統的文化體系，如何在大眾生活層面傳播。如果以此角度思考的話，我們大可將地方的社會變遷，理解為其實是儒學世俗化後把朝廷的政治秩序轉化成大眾的日常生活秩序。故從氏族祠堂的相關文化作切入點，可了解嶺南如何成為保存儒學文化的重要場域。

華琛曾諷刺地說，英國在香港實施的管治，反而對維護新界的傳統貢獻良多。昔日不少有關新界村民的政策問題，「風水」經常被村民視為重要的溝通與談判話語。因此，不少新界的傳統建築或文物，以「風水」為由，在香港政府的退讓下獲得保存。例如 1995 年鄧氏宣佈臨時關閉於 1993 年開放的屏山文物徑，作為抗議政府遷移鄧氏祖墓的手段。當年香港政府希望遷移鄧氏家族在屯門稔灣的祖先墓地，以騰出空間作為新界西堆填區。鄧氏代表認為此舉動將破壞家族風水，作出多次的抗議。[2]他們提出除非政府願意「以風水換風水」，清拆在屏山興建已

---

1 科大衛、劉志偉：〈「標準化」還是「正統化」？——從民間信仰與禮儀看中國文化的大一統〉，《歷史人類學刊》，第 6 卷，第 1、2 期合刊（2008 年 10 月），頁 5。

2 鄧聖時：〈鄧族文物館誕生記——十七年的集體奮鬥成果〉，收入廖迪生、盧惠玲編，鄧聖時輯：《風水與文物：香港新界屏山鄧氏稔灣祖墓搬遷事件文獻彙編》（香港：香港科技大學華南研究中心，2007），頁 vii-viii。

圖表 15　荃灣三棟屋博物館「齒德欽重」牌匾

久的屏山警署，否則將繼續關閉文物徑和拒絕遷移墓地。[3] 屏山警署建於
《展拓香港界址專條》簽字之後，被鄧氏視為破壞家族數百年風水的根
本原因。最終，政府與鄧氏在 1997 年達成協議，把屏山警署改建為屏
山鄧族文物館，展示其家族的各種文物，如傳統婚禮的服飾、花轎，
甚或是族譜等。[4] 因此，新界成為了不少華南傳統習俗在香港得以保存的
空間。

此外，一些廟宇維修工作或節慶活動，都有官員代表出席。[5] 華琛和
華若璧（Rubie S. Watson）認為相關的管治手段，促進了傳統的發展，

3　廖迪生：〈把風水變成文物——在香港新界建構「文物話語」之個案研究〉，收入廖迪
　　生、盧惠玲編，鄧聖時輯：《風水與文物》，頁 4–5。
4　Sidney C. H. Cheung, "The Meanings of a Heritage Trail in Hong Kong," *Annals of
　　Tourism Research*, vol. 26, no. 3 (1999), pp. 581–583.
5　如 1987 年荃灣陳氏家祠改建為三棟屋博物館時，一副「齒德欽重」的匾額，即由當年
　　的區域市政局主席張人龍（1922–2021）所題，反映香港政府對保育傳統文化的參與，
　　強化了傳統的現代價值。此外，1993 年 12 月 12 日時任港督彭定康（Chris F. Patten）
　　主持香港首條文物徑「屏山文物徑」的開幕儀式，也象徵 1990 年代以後香港政府更為
　　重視歷史建築與文化遺產的保育。詳參 "Patten on Trail of New Territories' Heritage,"
　　South China Morning Post, Dec. 13, 1993, p. 6。

造成某程度的內捲化形式。[6] 因此，新界氏族有著相當強烈的保護意識，用以保存自身的利益與傳統。除了用社會經濟利益來解釋這種情況，我們將會聚焦新界各個氏族如何建立自己的文脈與禮儀習慣，認識與其相關的非遺項目如何聯繫氏族的倫理與傳統觀念。

二、明清華南宗族社會建立和發展

華琛和華若璧發現廈村村民很歡迎田野調查。廈村村民得知屏山、上水和新田等地的宗族和村落，都有屬於自己宗族文化的著作，具歷史及社會意義。村民容許他們進行田野調查，希望通過與學者的合作，讓村落都有相關著作書寫來展示宗族社會地位。[7] 氏族視書寫家族歷史與故事，是與其他氏族的文化競爭與比較，展示社會地位的手段之一。這種想法相信與宗族社會的禮制建立有密切關係。

這種展示社會地位的意識，首要來自村民深信自己與中原之間的歷史淵源。阮元（1764-1849）等《道光廣東通志》的編纂者引用明朝黃佐（1490-1566）編纂的《廣東通志》，表述廣東風俗與中原的聯繫：

> 蓋自漢末建安，至於東晉永嘉之際，中國之人避地者多入嶺表。子孫往往家焉，其風流遺韻，衣冠氣習薰陶漸染，故習漸變，而俗庶幾中州。[8]

6　James L. Watson and Rubie S. Watson, "Fieldwork in Hong Kong New Territories," in *Village Life in Hong Kong*, eds. Watson and Watson, p. 10.
7　Watson and Watson, "Fieldwork in Hong Kong New Territories," pp. 6–7.
8　阮元等纂修：《道光廣東通志》，卷 92，〈輿地略十・風俗一〉，頁 4a。

科大衛、劉志偉認為明清華南的宗族，不是一般的血緣群體，而是國家禮儀向地方社會滲透的表現，也是宋明理學的地方秩序建立的過程。[9] 從這些觀察可見，各嶺南地方望族都希望告知大眾他們不是嶺南的蠻夷之徒，而是避走戰事定居嶺南的中原之後而已。他們的習慣並不庶俗，反而是合乎中州文明禮義標準之儀式。

同時，Hilary Beattie 認為宗族並不是自然成長的產物，[10] 而華若璧藉此進一步利用廈村的故事，說明宗族的創立和珠江三角洲經濟崛起有關。[11] 這些在今天新界一帶定居的氏族，隨著經濟條件獲得改善，在香港各地設有墟市，如元朗、大埔等；為了維繫地區的勢力，他們利用禮制和祠堂進一步確認家族在社區的認受性及正統性。

科大衛指傳統的禮制只容許皇帝、貴族、官僚建廟祭祀祖先，平民沒有這樣的權利。[12] 平民一般將祖先畫像、泥塑像與神主牌等供奉在佛寺裏。南宋朱子（1130–1200）改革佛教俗儀，將士庶祭祖的地方改稱「祠堂」，從而解決庶人無廟祭祀的傳統，以及過往各種禮制和經典限制百姓不得祭祖的問題。[13] 明朝禮制官方文獻《明集禮》確認了庶

---

9 科大衛、劉志偉：〈宗族與地方社會的國家認同 —— 明清華南地區宗族發展的意識形態基礎〉，《歷史研究》，2000 年第 3 期，頁 3-4。
10 Hilary Beattie, *Land and Lineage in China: A Study of T'ung-ch'eng County, Anhwei, in the Ming and Ch'ing Dynasties* (Cambridge: Cambridge University Press, 1979).
11 Rubie S. Watson, "The Creation of a Chinese Lineage: The Teng of Ha Tsuen, 1669–1751," in *Village Life in Hong Kong*, eds. Watson and Watson, pp. 19–52.
12 科大衛：〈祠堂與家廟 —— 從宋末到明中葉宗族禮儀的演變〉，《歷史人類學學刊》，第 1 卷，第 2 期（2003 年 10 月），頁 1。
13 科大衛：〈祠堂與家廟〉，頁 2。

人祭祖的手段，容許一般百姓建家廟與祠堂。[14] 明孝宗弘治年間（1488–1505），嶺南的地方官員開始落實及推動《家禮》的流通。[15] 由此可見，廣東一帶自明代開始重視家族禮儀及為祖先修墓建祠，而家廟模式的祠堂亦在嘉靖以後變得普及，成為了廣東各村各鄉的典型鄉村標誌。各村各族都設置家廟式祠堂，而這些祠堂亦經歷了普及化與正統化，作為地方上宗族組織擴張的重要空間。[16] 因此，這些氏族均十分重視興建與經營祠堂，並做一些儒學規模的標準祭祀儀式，來把家族在社區的地位得以延續，藉著撰寫族譜與建立宗族權威等形式，進一步鞏固自身在社區的正統性，維繫社區的影響力。以下分別從上水廖氏、廈村鄧氏和屯門陶氏的宗族相關故事作進一步的分析。

上水廖萬石堂官方網站展示了朱子為《廖氏族譜》所寫的跋：「余觀廖氏宗譜，真聲光炫於當時，古今人才綿綿不絕。歐公世之大儒，以古文倡天下為之作序，冠於卷首。自南晉北朝唐五季及我朝，顯人物一派流傳歷歷無可議者，誠其然也。余以廖氏德明子晦，從遊於門，因觀其譜系故為之跋。非啻為歐陽公引而伸之，亦為子晦賀。」[17]

廖德明（活躍於 12 世紀）為朱子在福建的學生，乾道（1165–1173）

---

14 「若庶人得奉其祖父母、父母之祀，已有著令而其時享於寢之禮，大槩略同於品官焉。」見徐一夔：《明集禮》（明嘉靖九年刊本），卷 6，〈親王祀仁祖廟圖〉，頁 14a。

15 「勸民行呂氏鄉約及文公家禮。」見黃佐編纂：《嘉靖廣東通志》，卷 50，〈李同傳〉，頁 28a–b。

16 科大衛：〈祠堂與家廟〉，頁 19–20。

17 〈廖氏族譜跋〉，廖萬石堂網站，https://www.lmstong.hk/?page_id=1946，瀏覽日期：2023 年 6 月 12 日。

年間進士，曾任官於廣東。[18] 元末，廖氏從福建遷至寶安，後定居於上水。[19] 朱子重視家譜，讚許廖德明撰寫族譜，使家族人才得以留名於世。大儒對自身族譜書寫的認可，成為宋元以後廖氏一族十分重視族譜書寫的關鍵。上水廖氏的族譜傳說，是從福建而來，故與廖德明相關。上水廖氏開基祖為廖仲傑（活躍於 14 世紀），原居於福建永定。因此，包括上水廖氏，各地廖氏都高舉朱子跋，重視族譜書寫及宗祠文化的維繫。上水廖氏最重要的祠堂為「廖萬石堂」，紀念祖先廖剛父子五人都任朝廷命官，合共領取萬石俸祿的故事。祠堂成為了他們舉行春秋二祭紀念祖先的地方，同時也用作展示家族禮儀及傳統的空間。

香港另一宗族鄧氏也刻意從儒學的治理及認可觀念，來建立宗族權威，維繫宗族在社區的繼承。1883 年鄧惠麟（1839–1908）在廈村重建宗祠，在祠堂的二進正廳書寫康熙皇帝的「聖諭」，刻意強調朱子理學與儒學治理的思想。[20] 他又摹王陽明（1472–1529）的聯語，希望族人行事要樹立榜樣。這些舉措表面上是告誡族人要按聖人之道做人行事，但是放在宗族權力呈現的脈絡下，我們可以知道無論是帶有朱子理學意味的聖諭，還是王陽明的告誡，為的是讓自己族群能夠藉儒學的彰顯來標籤自身為正統之後。儒學毫無疑問是王朝塑造正統道德與社會秩

18 《宋史・廖德明傳》：「字子晦，南劍人。少學釋氏，及得龜山楊時書，讀之大悟，遂受業朱熹。登乾道中進士第……在南粵時，立師悟堂，刻朱熹《家禮》及程氏諸書。公餘，延僚屬及諸生親為講說，遠近化之。」可見廖德明是朱子思想的重要繼承者。詳參脫脫等：《宋史》（臺北：鼎文書局，1980），卷 437，〈列傳一百九十六・儒林七・廖德明〉，頁 12971–12972。
19 蕭國健：〈上水鄉──廖氏源流及其發展〉，收入氏著：《香港的歷史與文物》（香港：明報出版社，1997），頁 96。
20 朱錦鸞：〈鄧惠麟與廣東文脈在香港的流傳〉，收入文潔華編：《粵語的政治：香港粵語政治文化的異質與多元》（香港：香港中文大學出版社，2014），頁 8。

序的標準，即使回到嶺南鄉間，這些嶺南宗族也繼續強調儒學的道德教化，把自己塑造為社區的正統標準，影響族人甚至是周邊佃戶或弱勢社群。

乾隆五十二年（1787），屯門屯子圍陶氏訂立「陶氏嘉儀祖嘗條規」，且立碑告戒後人。乾隆五十年至乾隆五十一年（1785–1786）期間，地方荒旱，佃農都在異鄉，無人承買土地；部分陶氏叔姪以鄰為壑，各自盤踞，使氏內各家族成員不和。於是，族長及族內領袖訂下族規去除惡習，並將之視為「家訓」，並強調犯事者將被視為「祖宗罪人，理合革胙出祠，仍行送古懲治」。又強調將嚴格執行，「不可徇情挑私，以壞風俗，貽弊後人」。[21] 這些爭奪田產的行為被視為惡習，族內人士抨擊犯事者，以宗族罪人稱之，又會用各種儒學的倫理秩序意識，加諸在家規中，以限制不公之事。家訓或家規歷代均被視為儒學知識世俗化的重要素材，其中《朱柏廬治家格言》（又稱《朱子家訓》）落實以來，不但成為家族道德規範的典型示範，也體現了這些從儒家思想衍生出來的重孝悌、敬祖宗的道德規範，如何從宮廷、士大夫家庭進一步延伸至普羅百姓之家。即使遠在嶺外，屯門陶氏仍可反映鄉間家族如何充分利用家訓作為族內規範的道德教化。時至今日，宗族正統的意識仍然保留在新界各個鄉村社區。

現時的香港非遺清單中，宗族口述傳說被歸類於口頭傳統和表現形式類別。宗族成員把宗族開基祖、祠堂及風水等傳說，以口述形式繼

---

21 科大衛、陸鴻基、吳倫霓霞編：《香港碑銘彙編》，冊1，〈陶氏嘉儀祖嘗條規〉，頁50。

承與傳播，有助強化宗族成員的歸屬感與認同感。上述學者的研究與事例，說明宗族傳統在嶺南的建立，本身就是一個宗族強化社區地位的過程，而最終來到現代，這個認同建構的過程也塑造了宗族成員對村落的歸屬感。

三、族譜與對聯傳說的表述

香港錦田、屏山、廈村、龍躍頭等地都有鄧氏所建的村落。錦田鄧氏的開族與地區傳統大致相近，其中有一副對聯經常在其家族宗祠內呈現：「南陽綿（傳）世澤，稅院振家聲。」儘管針對鄧氏的田野調查，留意到鄧氏各村彼此之間關係並不和諧（特別是屏山與廈村之間），[22] 但是他們都重視家族溯源，強調祖先由南陽遷來的故事，故上聯提到「南陽」。南陽即西周時的鄧國所在地，即今天河南南陽市一帶。這種宗族傳說的表述，表示他們並非原居嶺南的野蠻夷族，而是來自中原的正宗顯赫望族。下聯「稅院」一詞，實為稅院郡馬的傳說，廈村友恭堂內便有「稅院流芳」的匾額作繼承。[23]

蕭國健研究指出，族譜對於了解明清來港的家族有重要價值，其中因遷海令等政治因素，不少族譜已失散；但是餘下的記錄可了解中原或嶺南各地宗族遷入香港的居停年代。[24]

22　屏山屬鄧元禎房，而龍躍頭、錦田、廈村等則屬鄧元亮房。因此，兩地族人之間關係較為疏遠。
23　朱錦鸞：〈鄧惠麟與廣東文脈在香港的流傳〉，頁 10。
24　蕭國健：〈譜牒中所見明清之際來港之客族〉，收入蕭國鈞、蕭國健：《族譜與香港地方史研究》（香港：顯朝書室，1982），頁 31。

圖表 16　明代以前遷入九龍、新界的宗族列表[25]

姓氏	在港地點	居停年代	所據譜牒
鄧	錦田	北宋開寶六年	錦田鄧氏儉堂家譜
	大埔頭	南宋初	錦田南陽鄧氏宗譜
	龍躍頭	元初	鄧元亮公宗仁房宗譜
	屏山	元初	鄧元亮公宗仁房宗譜 鄧氏越南祖族譜 鄧其璠族譜 龍躍頭鄧氏族譜 龍躍頭新屋村鄧氏族譜 屏山鄧氏族譜 屏山灰沙圍鄧氏族譜
彭	粉嶺龍山	南宋末	粉壁嶺彭氏族譜 粉嶺樓彭氏族譜 粉嶺彭氏簡譜 寶安縣粉嶺彭氏族譜節錄
林	九龍莆崗村	南宋末	九龍竹園莆崗村林氏族譜
廖	屯門、樟木頭、上水	元末	上水廖氏族譜
陶	屯門	元末	屯門陶氏松友祖家譜
侯	河上鄉	元末	河上鄉侯氏族譜
吳	九龍衙前圍	元末	九龍東頭村吳氏家族譜 九龍衙前圍吳氏重修族譜
文	大埔泰坑、新田仁壽圍	元統年間	寶安泰坑系文氏族譜 泰坑文氏族譜 新田文氏族譜

25　蕭國健：〈譜牒中所見明清之際來港之客族〉，頁 31–33。

圖表 17　明代新界宗族分遷情況列表 [26]

姓氏	在港地點	居停年代	所據譜牒
鄧	廈村、輞井	明初	廈村鄧氏族譜
	元朗官涌	明末	荃灣石圍角鄧氏族譜
彭	粉嶺北村	明萬曆年間	粉壁嶺彭氏族譜 粉嶺樓彭氏族譜 粉嶺彭氏簡譜 寶安縣粉嶺彭氏族譜節錄
林	屏山小坑石步、 大埔頭、上水	明中	屯門林氏族譜 屏山石埔村林氏族譜
廖	（富）烏溪沙	明萬曆年間	烏溪沙廖氏族譜

圖表 18　明代外地宗族遷入新界情況列表 [27]

姓氏	在港地點	居停年代	所據譜牒
溫	粉嶺龍躍頭	明洪武初年	粉嶺龍躍頭溫氏族譜
袁	羅湖、 大埔太坑	明洪武年間	羅湖袁氏族譜
朱	鹿頸	明初	鹿頸朱氏紫陽家乘
黎	大浪西灣	明成化年間	大浪西灣黎氏族譜
徐	大嶼山石壁及 梅窩、攸田村	明朝末年	大嶼山石壁圍徐氏族譜 大嶼山石壁圍徐氏家族部 梅窩徐氏族譜 攸田村徐氏簡譜
謝	西貢沙角尾	明崇禎十六年	西貢沙角尾謝姓族譜

26　蕭國健：〈譜牒中所見明清之際來港之客族〉，頁 33。
27　蕭國健：〈譜牒中所見明清之際來港之客族〉，頁 33–34。

上述表單可見大部分在明代或更早定居於香港的宗族的情況。當然清代往後從粵東或韓江系統甚或是閩贛交界的客籍農民遷入後，亦按昔日的宗族一般，編修自己的族譜，展示自己在社區的歷史；[28] 可是他們都只能追溯其在港歷史至康熙年間或之後，不能與於明代或以前定居、擁有豐富宗族傳說的宗族相提並論。因此，本客之間有著根本性的矛盾，而宗族更有需要呈現他們的地位，族譜以外，有豐富傳說的宗族會進一步嘗試在社區裏彰顯他們顯赫的過去。

錦田鄧氏的鄧元亮（活躍於 12 世紀），據說在北宋末年曾起兵勤王對抗金兵，在途中救得一名趙氏女孩，並養育成人，許配予其子鄧惟汲（又稱鄧自明）。後來，趙氏女孩親筆寫信，讓兒子前往朝廷相認，最後被確認為高宗之女，故鄧惟汲被封為稅院郡馬，成為皇族之後。[29] 這段歷史雖然沒有存於正史，但是利用對聯的呈現，使他們的家聲得到彰顯，用之區別其他宗族。這一點也是斐利民所指鄧氏以共同的祖先作為符號，組成一個跨地域的「高階宗族」，在元朗、錦田等地發揮影響力。[30]

另一新界氏族新田文氏，宗祠前有對聯「雁門綿世澤，正氣振家聲」。和鄧氏一樣，西周時期文氏的先祖受封於雁門，故有此堂號，也

28　蕭國健：〈譜牒中所見明清之際來港之客族〉，頁 34–40。
29　《康熙新安縣志》的記載為：「宋帝女趙姬因生男四人，林杞槐梓後，林以母手書上，光宗賜祭田十頃，今子孫繁衍，其祭田尚存。」見靳文謨修，黃袞裳、許光岳、鄧文蔚參輯：《康熙新安縣志》（廣東中山圖書館 1962 年油印謄寫本），卷 3，〈地理志・丘墓〉，頁 19a。
30　Freedman, *Chinese Lineage and Society*, pp. 19–22.

希望展示自己的家族是中原之後。[31] 寶安文氏奉文天祥（1236–1283）的二弟為始祖，奉文天祥為始伯祖，是現時最接近文天祥血緣的永脈。在今天香港新田、泰亨以及深圳寶安各地，都有文氏之後，設置了文氏宗祠。雖然他們並非文天祥後人，但是文氏一直都把文天祥的重要作品——〈正氣歌〉融入祠堂對聯中，展示家族中人實為中原忠臣及大儒之後。華琛認為這些村落運用祖先之名及日漸強大的宗族勢力，讓他們能夠在該一帶鄉郊佔有話語權。[32] 因此，這種中原與大儒之後的意識，有助他們建立優越感，得到其他人的敬重。

四、家族書院在嶺南社會的文脈和禮俗

錦田鄧氏開基祖鄧漢黻（生卒不詳）的第四代孫鄧符協（活躍於11世紀）高中進士，開始在地方任官，退休後在錦田建立力瀛書院，開創本地學風，[33] 也把中原儒學文脈從北方移植到南方海濱。官學是朝廷用於招攬合適學生的學校，而私人書院與家學則是望族教育子弟的空間。當時，教育子弟和重教興學合乎社會對望族的期盼，故家族長輩均希望子孫能夠成功考取功名。因此，祠堂或書院中均有功名牌，如上水廖萬石堂可以看到1960年代廖氏族人成功考獲香港大學文學士後，掛

---

31 僑歐文氏宗親會網站〈文氏系譜來源考〉，指「稽吾文之得姓，文王支孫諱祈，以諡為姓也……」，即他們相信其家族是周文王之後，而文王後裔姬祈改文王之諡為姓，成為文氏的傳承。其中一位文氏先祖文彥博「望出雁門郡候」，後來文天祥的弟弟文璧（又名文天球），在元朝獲追封為「雁門郡候」。可見，「雁門」一詞是新田文氏來自中原望族的憑藉。因此，他們祠堂或建築門外的對聯出現「雁門」，往往象徵他們來自中原之境。詳參〈歷史及族譜〉，僑歐文氏宗親會網站，https://familieman.nl/zh/geschiedenis，瀏覽日期：2023年6月20日。

32 陳天權：〈元朗新田文氏的宗族遺產〉，《灼見名家》，2017年4月4日，https://www.master-insight.com/ 元朗新田文氏的宗族遺產 /，瀏覽日期：2023年6月21日。

33 朱錦鸞：〈鄧惠麟與廣東文脈在香港的流傳〉，頁4。

上了「文學士」的功名牌匾作紀念。由此可見，功名對香港氏族建立威望有重要意義，大望族都設有書院，如屏山仁敦岡書室、覲廷書室、述卿書室、若虛書室，大埔頭敬羅家塾，錦田二帝書院、鄧虞階書室、力榮堂書室，八鄉翊廷書室，龍躍頭善述書室，等等。

　　族人取得功名後擁有士大夫身分，會提升自身在宗族中的地位。隨之，他會獲得在地方、族內的各種特權，主導地方的政治、經濟和文化發展，如可以修建與自己有關的祠堂，強化地方的話語權。朱錦鸞指，鄧惠麟在 1861 年高中舉人，開始修建廈村鄧氏宗祠，並利用各種豐富的楹聯和匾額彰顯鄧氏族望，[34] 使周邊的客族人或其他大氏族，有所顧忌。

　　蕭國健整理了新界各村落的中舉人物，包括甲科、鄉科、副榜、貢生、例貢（包括廩例貢、增例貢、附例貢及例監），現詳列如下，見圖表 19。

34　朱錦鸞：〈鄧惠麟與廣東文脈在香港的流傳〉，頁 7。

圖表 19　清代新界村落中舉名單 [35]

姓名	中舉年份	中舉及其後成就	村落
鄧文蔚	1. 順治十四年丁酉科，以書經中式 2. 康熙二十四年乙丑科陸肯堂第三甲	1. 鄉科舉人 2. 文科甲科進士 3. 授浙江衢州府龍游縣知縣	錦田
江士元	1. 乾隆十七年壬申恩科，以書經中式 2. 乾隆十九年甲戌科莊培因榜第二甲	1. 鄉科舉人 2. 甲科進士	大步涌
何靈運	順治八年辛卯科，以易經中式	1. 鄉科舉人 2. 初授高州府茂名教諭，歷任惠州府教授、國子監學正、晉兵部督捕司務	大莆
鄧與璋	乾隆元年丙辰恩科，以書經中式第二名	1. 鄉科舉人 2. 丁巳壬戌俱明通進士 3. 授德慶州學正	錦田
鄧晃	乾隆二十七年壬申恩科，以書經中式	鄉科舉人	錦田
侯倬雲	乾隆五十三年戊申科，以詩經中式	1. 鄉科舉人 2. 任靈山教諭	上水金錢
廖有執	嘉慶十二年丁卯科張翶榜，中式第六十一名	鄉科舉人	上水
何振麟	康熙二十九年庚午科中式	副舉	大莆
江鍾靈	嘉慶六年辛酉科拔貢	1. 拔貢 2. 充實錄館謄錄議敘教諭（未任而卒）	大步涌

35　蕭國健：《清初遷海前後香港之社會變遷》（臺北：臺灣商務印書館，1986），頁 200-209。

姓名	中舉年份	中舉及其後成就	村落
鄧紹周	乾隆元年丙辰科恩貢	恩貢	錦田
廖鰲	乾隆十七年壬申科恩貢	恩貢	上水
文敘	乾隆十五年乙巳科恩貢	恩貢	泰亨
李麟	嘉慶六年己未科恩貢	恩貢	元朗
鄧肇基	雍正六年戊申科歲貢	1. 歲貢 2. 任歸善訓導	龍躍頭
袁鑑	雍正十三年乙卯科歲貢	1. 歲貢 2. 授長樂訓導，歷署平遠、海豐、陸豐教諭	羅湖
鄭觀成	乾隆三年戊午科歲貢	歲貢	梅林
鄧炳	乾隆五年庚申科歲貢	1. 歲貢 2. 任廣寧訓導	龍躍頭
鄧宗樹	乾隆三十年乙酉科歲貢	歲貢	龍躍頭
江永村	乾隆五十五年庚戌科歲貢	歲貢	大步涌
鄧大鏞	嘉慶間廩例貢	廩例貢	輞井
文啟新	嘉慶間廩例貢	廩例貢	新田
廖鴻	嘉慶間廩例貢	廩例貢	上水
鄧興琮	雍正間增生	增例貢生	錦田
廖九我	雍正間增生	增例貢生	上水
鄧麟	乾隆間增生	增例貢生	屏山
鄧朝榮	乾隆間增生	增例貢生	錦田
鄧英華	乾隆間增生	1. 增例貢生 2. 嘉慶己卯贊修邑志	錦田
鄧瓊賞	康熙間例貢 雍正間附生	1. 例貢生 2. 附例貢生	錦田

姓名	中舉年份	中舉及其後成就	村落
鄧汲諧	雍正間例貢	例貢生	錦田
廖士昌	雍正間例貢	例貢生	上水
鄧興瑋	乾隆間例貢	例貢生	錦田
鄧遇秀	乾隆間例貢	例貢生	錦田
鄧遇紫	乾隆間例貢	例貢生	錦田
鄧朝聘	乾隆間例貢	例貢生	錦田
鄧網	乾隆間例貢	例貢生	龍躍頭
鄧國韜	乾隆間例貢	例貢生	錦田
鄧思謨	乾隆間例貢	例貢生	龍躍頭
鄧文鉉	乾隆間例貢	例貢生	龍躍頭
鄧文欽	乾隆間例貢	例貢生	龍躍頭
鄧汝詠	乾隆間例貢	例貢生	錦田
鄧文鎬	乾隆間例貢	例貢生	龍躍頭
鄧春魁	乾隆間例貢	例貢生	錦田
鄧慶及	乾隆間例貢	例貢生	龍躍頭
鄧敢	乾隆間例貢	例貢生	龍躍頭
鄧必魁	乾隆間例貢	例貢生	錦田
鄧鳳書	乾隆間例貢	例貢生	錦田
鄧枝芳	乾隆間例貢	例貢生	屏山
鄧日煜	乾隆間例貢	例貢生	屏山
鄧兆麟	乾隆間例貢	例貢生	屏山
鄧龍文	乾隆間例貢	例貢生	錦田
鄧喬錫	乾隆間例貢	例貢生	錦田

姓名	中舉年份	中舉及其後成就	村落
黃長造	乾隆間例貢	例貢生	梅林
鄧牲	乾隆間例貢	例貢生	龍躍頭
鄧如琇	乾隆間例貢	例貢生	龍躍頭
鄧拔魁	乾隆間例貢	例貢生	錦田
鄧廣緒	乾隆間例貢	例貢生	廈村
鄧翩	乾隆間例貢	例貢生	屏山
鄧招	乾隆間例貢	例貢生	廈村
鄧元捷	嘉慶間例貢	例貢生	龍躍頭
黃兆岳	嘉慶間例貢	例貢生	梅林
鄧芝蘭	嘉慶間例貢	例貢生	屏山
侯倬漢	嘉慶間例貢	例貢生	金錢
梁錦新	嘉慶間例貢	例貢生	客籍五都二圖
彭恩源	嘉慶間例貢	例貢生	客籍
鄧飛鴻	乾隆十四年巳亥科，中式第八名	武科舉人	屏山
鄧英元	乾隆五十四年巳酉恩科中式	1. 武科舉人 2. 嘉慶己卯年贊修邑志	錦田
鄧瑞泰	嘉慶九年甲子科中式	武科舉人	屏山
黃河清	嘉慶十五年庚午科，中式第十名	1. 武科舉人 2. 江西吉安漕運千總	梅林
鄧大雄	嘉慶十八年癸酉科中式	1. 武科舉人 2. 嘉慶己卯年贊修邑志	錦田

蕭國健結合《新安縣志》材料與族譜，整理出上述資料，指出錦田、龍躍頭、屏山、上水、大埔等地均有人才輩出之村落。事實上，這些村落的宗族一向重視族內子弟的文教。但更值得一提的是，嘉慶年間有兩名客籍人士成功取得例貢資格，突破了被鄧氏、廖氏等本地宗族壟斷的中舉機會。當時中舉和取得功名與否，確實與宗族地位有密切關係，大多客籍人士礙於文化與經濟條件，往往難以與這些大宗族相提並論，只好在社區內臣服於他們。不只宗族領袖重視文教，宗族內部成員也希望透過科舉，尋求向上流動的可能。一位龍躍頭鄧門林氏婦人，在康熙三十九年於佛山購得一神鐘，供奉在粉嶺龍躍頭天后廟，希望其子能順利考取功名。

> 因男信庠鄧士美往省應試，虔誠在於天往聖母娘娘爐前拜許洪鐘壹口……祈信男功名顯達，出路平安……[36]

以上例子說明新界家族十分重視文脈傳承，子弟獲取功名甚為重要，母親無事可做，故依靠神明，希望兒子能早日高中。由此可見，遠在南方海濱，地方社會的形成仍不能與科舉分離，科舉所考核的儒學知識，無形中也在這些氏族子弟中傳播開去，融入生活。

正如廖迪生所指，傳統社會中一般人讀書的目的是解決生活中的問題，而大多數的富有宗族都會設置書室，一方面當作祠堂，另一方面讓子孫受學。在 1905 年科舉正式取消以前，科舉是社會流動的階

---

36 科大衛、陸鴻基、吳倫霓霞編：《香港碑銘彙編》，冊 3，〈粉嶺龍躍頭天后廟鐘〉，頁653。

梯,子姪獲取功名而成為士大夫,有助宗族發展及於地方鞏固地位。因此,通過科舉考試及書室教育,儒家的典章間接地在嶺南宗族社區傳播。學習儒學,不但可令宗族或個人成為社區的正統代表,也成為社會階層分野的重要指標。[37]

五、春秋二祭的禮俗和儒學的展現

朱子學生、南宋理學家陳淳(1159–1223)著有《北溪字義》,被視為是從不同理學範疇進行術語解釋的理學或朱子思想入門著作。[38] 他就朱子的理學說法,作出各種白話的闡釋及論述。陳淳去世後,弟子王雋(生卒不詳)把其日常的教材及講稿整理成書。[39]

陳淳指出:

> 古人祭祀,各隨其分之所至。天子中天地而立,為天地人物之主,故可以祭天地;諸侯為一國之主,故可祭一國社稷山川,如春秋時,楚莊王不敢祭河,以非楚之望緣,是時理義尚明故如此;如士人只得祭其祖先,自祖先之外,皆不相干涉,無可祭之理然。[40]

陳淳認為當今的人以越分的方式來祭祀,是不妥當的,非儒學之舉。他舉

---

37 廖迪生:〈文字的角色 —— 在香港新界的一些田野研究經驗〉,《田野與文獻:華南研究資料中心通訊》,第 70 期(2013 年 1 月),頁 11。

38 張加才:《詮釋與建構:陳淳與朱子學》(北京:人民出版社,2004)。

39 內容有白話元素。詳參紀昀:〈提要〉,載陳淳:《北溪字義》,收入《景印文淵閣四庫全書》,冊 709(臺北:臺灣商務印書館,1986),〈子部一・儒家類〉,頁 1a。

40 陳淳:《北溪字義》,卷下,〈了〉,頁 37b-38a。

例，把一些忠臣義士當作外神，此為「與我相不干涉」，[41] 即非儒家主張的祭祀目的。他又指，如果其祖伯叔父有後，仍然祭之，亦不免被視為淫祀。[42] 因此，陳淳認為祭祀應各安本分，乃士庶最基本的祭祖精神。

> 大凡不當祭而祭，皆曰淫祀，無福由脈絡不相關之故。後世祀典只緣佛老來，都亂了。如老氏設醮，以庶人祭天，有甚關係？如釋迦亦是胡神，與中國人何相關？[43]

他指「禮在民間只得焚香致敬而已，亦不可越分而祭」。[44] 換言之，他認為一些民間祭祀舉措受道、佛等宗教影響出現了變質。他認為祭祀的觀念，應守分而祭，不應胡亂祭神祭天。儒者與佛道有根本的分歧，儒者不需要透過法力、科儀等與亡者或神靈溝通，只需直接按照祭祀人舉行符合其身分等級的禮儀，這是宋儒認定的正統。這種正統的創造和確立，對宗族在地方社會的建立有重要意義。

《儀禮》載「庶士、庶人無廟」。[45] 明朝嘉靖年間「大禮議」以後，皇室開始改革宗廟制度，同時正式放寬官民祭式的規定。自此，廣東民間祭祖、修建祖祠的風氣大盛，《朱子家禮》成為地方維持秩序的禮儀規範，正統與否，是嶺南宗族建立和維繫話語權的關鍵手段。[46]

---

41 陳淳：《北溪字義》，卷下，〈了〉，頁 40b。
42 陳淳：《北溪字義》，卷下，〈了〉，頁 38b。
43 陳淳：《北溪字義》，卷下，〈了〉，頁 40a-b。
44 陳淳：《北溪字義》，卷下，〈了〉，頁 40a。
45 阮元審定，盧宣旬校：《重刊宋本十三經注疏附校勘記》（臺北：藝文印書館，1965），〈儀禮卷第八‧聘禮第八〉，頁 285a。
46 李仁淵：〈在田野中找歷史〉，頁 123。

科大衛、劉志偉指出，廣東大儒陳獻章（1428–1500）就是在鄉村社會樹立儒家正統的代表，他通過禮儀手冊與講學授徒來推廣儒家禮儀，並將之視為當時嶺南社會的社區正統。[47] 科大衛與劉志偉認為《朱子家禮》在地方的應用，象徵庶民階級的家族可以通過儒家禮教把自身士紳化，成為地區領袖。

　　科大衛也指出，隨著明清時代科舉功名一直增加，新界氏族有階級上移的趨勢。向上移的氏族認為家族的祭祖儀式代表文化正統，並以相應的家廟、制度輔承，族內的讀書人也就是當地的國家和鄉土傳統指導者。[48] 於是，新界舉行春秋二祭，他們會嘗試建立一套以儒學系統為基礎的祭祖形式，進一步鞏固地區控制權及其文化影響力。

　　以 2018 年龍躍頭鄧族春祭的祝文為例：

維公元二零一八年歲次戊戌年 仲春溯日

奉祀裔孫　鄧庚喜等

謹具香燭菓品剛臘（疑為「鬣」之誤）楮饌才（疑為「財」之誤）帛之儀

致祭於宋稅院郡馬八世祖自明鄧公原配

一品安人趙氏皇姑及列祖列宗

靈前祝而言曰

物本乎天　人本乎祖

本固則支裔綿長　根深則枝葉繁昌

47　科大衛、劉志偉：〈宗族與地方社會的國家認同〉，頁 5–6。
48　科大衛：〈告別華南研究〉，頁 18–19。

時值仲春溯日　敬率裔孫　拜謁靈前

葉我祖德佑我徬人　千秋興旴　百世其昌

靈其不昧　來格來嘗　伏惟尚饗[49]

上述的祝文呈現鄧氏為稅院郡馬之後裔，亦展現了儒家規範禮儀的祭祖經歷。此處正說明春秋二祭的過程，他們將自身氏族視之為王朝正統之後，又採用一種儒家認可的禮儀，在符合陳淳所指名分之下祭祀祖先。另外，粉嶺圍彭族思德堂在 2019 年己亥農曆二月初五的春祭祝文中提到：「稽古修祖廟而陳宗器，設裳衣而薦時食，此固睹景物而興懷，崇報本而展孝思也。」[50] 強調春秋二祭是展現孝思之舉，這本是傳統儒家思想中祭祀的意義。

六、小結

康熙復界後，昔日的傳統及建築經歷了一段破壞與無止境的重建。不過，香港各區的氏族士大夫，除捍衛自身名譽及家族地位，更要面對新遷入客籍人士的挑戰。他們在宗祠建築、對聯表述、傳說繼承或是書院興建等各方面，都在建構他們身為中原之後、在嶺南傳承的故

49　此段祝文的記述及口述，由受訪對象「程尋香港」創辦人溫佐治先生提供，謹致謝忱。
50　該祝文全文如下：「維　公元二零一九年歲次己亥二月朔越四日，今當春祭之期，奉祀承重孫十七傳孫來發，偕同眾裔孫等，謹呈香燭、清酌、剛鬣、庶饈、潔粢、果品、幣帛之儀，敢昭告於六世祖考處士思隱府君、妣淑德文氏孺人暨列位祖先之神座前祝曰：『稽古修祖廟而陳宗器，設裳衣而薦時食，此固睹景物而興懷，崇報本而展孝思也。子賢應思木本，孫肖亦知水源。感雨露之寒深，永懷生我；瞻草木之萌動，追憶貽謀。是以薄具蘋蘩，用慰孝思；處供蘊藻，以答崇恩。伏願洋洋在上，格此微忱；藹藹一堂，同介景福。士登黃榜，人人簪笏而搢紳；農願有年，家家含哺而鼓腹，工慶大收，商喜榮旋。誰不樂我公之所留貽哉！尚饗。』」此段祝文的記述與口述，由受訪對象「程尋香港」創辦人溫佐治先生提供，謹致謝忱。

事。這些經歷在不同家族裏都大同小異，因為他們同樣深信此類的表述手法，有助維繫他們的在地影響力，延續他們在社區的文化資本以及凝聚族內成員的歸屬感。時至今日，一些非遺項目如春祭、神誕、太平清醮等，都是延續其影響力的方式。這些氏族傳統在現今大江南北都難以再尋，惟獨在香港，仍然可見完整的嶺南文脈與禮俗傳承。

本章作者

何韻詩（香港大學附屬學院講師）
羅樂然

第二章

書寫嶺南：
方志、文人筆記與
香港的嶺南民俗記載

一、小引

　　本章先說明嶺南文人及地方志的書寫特徵及其變遷，從而探討嶺南民俗書寫從古至明清的形態變化。其次，本章會以屈大均的著名文人筆記——《廣東新語》為個案，輔以各種方志與文人筆記，觀察明清以來的文人如何理解與表述他們眼中嶺南各地不同的民俗特徵，特別是與香港相關的民俗，從而探討嶺南民俗如何被文人了解以及其與當下非遺項目之間的差異，了解這些非遺項目的歷史深度及古今演變。與此同時，本章亦會就西洋傳教士在 19 世紀以來在粵港等地對客家文化的書寫，探討客家人遷居至粵沿海地區與本地人之間的差異，從而掌握在 19 世紀末至 20 世紀初，香港非遺項目的重要構成板塊——客家社群的民俗與文化建立。

二、方志書寫中的嶺南演變

　　唐宋以前的嶺南書寫，大多是一些地方怪異事物和南方想像，甚少有文人對地域的各種風物作整全的論述。如北宋樂史（930–1007）撰《太平寰宇記》引用唐杜佑《通典》對嶺南的既定印象，「*五嶺之南，人雜夷獠，不知教義，以富為雄*」，[1] 來描述嶺南的風俗。後來，宋室南移，文人視野從北方或中原漸次轉移到南方世界，南方各省如嶺南路（或廣南路）、福建路等開始累積了一定的地方文獻。到南宋《輿地紀勝》編者王象之（1163–1230）整輯各種地方文獻時，有關嶺南的

1　樂史編校，王文楚等點校：《太平寰宇記》（北京：中華書局，2007），卷 157，〈嶺南道一・廣州〉，頁 3001。

風俗說法已有明顯不同，如他引郭璞（276–324）「南海之間，有衣冠之氣」，[2] 又引《五代史》「唐世名臣，子孫皆客嶺表」。[3] 這些記載反映文人對地方風物有更多直接的接觸，因而對於嶺南有更仔細的記載，如《輿地紀勝》整理了很多古蹟和官吏、釋仙等人物的故事，[4] 呈現了嶺南生活的各種面貌。不過，相對往後明清時期的地方志，當時這些文人書寫只對某些風俗作片面的介紹，未有具體展現當地習俗及相關生活狀況。

自明代開始，各種地方志開始在郡縣志部分，增設「風俗」一節，可見南方文人開始通過方志表述自己對嶺南文化與中原文明標準之間關係的看法。以郭棐編的《萬曆廣東通志》為例，其對廣州府的風俗表述與以往地方志有所不同。郭棐表示：「百粵衣冠禮樂，埒於中州，昔人比之古鄒魯云。士勤學部，而喜著述厭奔競，而謹廣偶薄空談，而崇厚實縮金杅紫少齟齬於世途……」[5] 作為風俗的表述，唐宋或以前的方志大多形容嶺南百粵一帶是野蠻之境或瘴氣之地，猶如生人勿近。但是，郭棐筆下嶺南展現了一種與中原之地對等或相差不大的意識。郭棐在每府以下都補充每個縣域的風俗風徵，其中提到香港所在的新安，認為這裏是樂土，因朝廷開始經營此地，地方文士有意推動文教，破除新安昔日被視為盜賊之地的印象：「新安境連山海，地偏一隅，昔為盜叢，今為樂土。第建置尚新，風教未洽，士有振拔之志，民猶獷野之

2　王象之著，趙一生校：《輿地紀勝》（杭州：浙江古籍出版社，2012），卷 89，〈廣南東路‧廣州〉，頁 2178。

3　王象之著，趙一生校：《輿地紀勝》，卷 89，〈廣南東路‧廣州〉，頁 2179。

4　王象之著，趙一生校：《輿地紀勝》，卷 89，〈廣南東路‧廣州〉，頁 2179–2197。

5　郭棐編纂：《萬曆廣東通志》（濟南：齊魯書社，1996），卷 14，〈郡縣志一‧風俗〉，頁 46b。

遺，董而陶之令，更弦轍則在吧中賢縉紳矣。」[6]這種風俗的說明，實際上反映自明代始，文人嘗試展現嶺南風俗文明與中州相近，轉化一些怪誕神事為地方文化與信俗，顯現出其非野蠻愚昧之事。其中，從屈大均《廣東新語》中，可觀察到這種書寫上的變化。

三、《廣東新語》：屈大均的嶺南書寫

古代的中原百姓對南方、百越有不少偏見。當屈大均面對明清易代的困境時，他雖與其他遺民一樣選擇退隱家鄉，但仍積極把家鄉的所見所聞，寫進《廣東新語》一書之中。該書大約成書於康熙十九年至二十六年（1680–1687），[7]反映屈大均抗清未果的遺民意識，從中建構了其家國認同。

學者林宜蓉認為《廣東新語》這本類方志書，表面貌似是「地志書寫」、「百科全書」的實學專書，實際蘊含及展現文人心中的文化認同，尤為獨特，引人入勝。[8]屈大均撰書是希望裨補《廣東通志》的不足，重視非政治範疇的內容，把焦點放在天地山水石神，一些以往被邊緣化的「外志」話題，如「神語」、「墳語」、「怪語」等都以獨立的類目呈現在書中。而這種「外志」的書寫流露了屈大均「化外為內」的意識，廣東地域從昔日的蠻夷之境，通過其筆，廣東文化「今變華風」，漸變成文

6　郭棐編纂：《萬曆廣東通志》，卷 14，〈郡縣志一‧風俗〉，頁 50a。
7　南炳文：〈《廣東新語》成書時間考辨〉，《西南大學學報（社會科學版）》，2007 年第 6 期，頁 74–75。
8　林宜蓉：〈世界秩序、家國認同與南方偏霸 —— 屈大均《廣東新語》之文化隱喻與子題開展〉，《漢學研究》，第 38 卷，第 4 期（2020 年 12 月），頁 169–215。

明之地，亦即他所指的「海濱鄒魯」。[9] 屈大均《廣東新語》的化外描寫，表現出文人書寫嶺南風俗的興趣，不單展現文人的好異之心，亦反映了他們對這些風俗理解的定性轉變，即把以往被邊緣化、不被記載的外事，轉換並納入為廣東文化的一部分。

昔日大家對嶺南的氣候都描述得比較負面，特別是炎熱的天氣似乎非北人可接受的，也造成了文人對嶺南的既定印象。可是，屈大均在《廣東新語》中描述這裏的氣候：「梅早則火氣足。火氣足而為天地陽生之始，陰殺之終，使萬物皆復其元，梅之德所以為大。」[10] 他認為火氣足，反而是天地陽生之始，嶺南地域實為萬物皆生之境地。

郭棐友人王學曾（生卒不詳）撰序時提到：「天地之精英萃於斯，山嶽之靈秀鐘於斯，名公鉅卿胤於斯，而仙客鴻儒亦每每於斯乎寄之矣。以故仙境名山、奇巖怪石，比比呈靈……」[11]

成書於元成宗（孛兒只斤·鐵穆耳，1265–1307）大德八年（1304），記載嶺南一帶民俗變遷的地方志《南海志》殘本，在介紹科舉的卷章中，曾描述廣府一帶為「海濱鄒魯，詩書文物之盛，不減中州」。[12]《莊子》的〈天下篇〉曾有道：「其在《詩》、《書》、《禮》、《樂》

9　鄒為孟子故鄉，魯為孔子故鄉，後世大多指文化昌盛之地。
10　屈大均：《廣東新語》，卷 25，〈木語·梅〉，頁 612。
11　郭棐編撰，陳蘭芝增輯：《嶺海名勝記增輯點校》，〈《嶺南名勝記》原序〉，頁 7。
12　陳大震等編纂：《元大德南海志殘本：附輯佚》（廣州：廣東人民出版社，1991），卷 9，頁 67。

者，鄒魯之士，縉紳先生，多能明之。」[13]「鄒魯」多指文化昌盛之地，而像屈大均一般的明清南方文人，都已經把廣東民俗文化的描述，從野蠻之物轉化為與中州相約水平的文化。

　　香港特別行政區在 2011 年公佈了首份非物質文化遺產清單，[14] 當中某些民俗與非遺項目相關，不少內容被指可追溯至嶺南的地域文化。當然，不少非遺民俗活動都是口授相傳的，並沒有文字記錄流傳，但是部分信仰風俗與地域工藝卻早受文人關注，其中屈大均的《廣東新語》有相關的記載，讓我們得知早在 17 世紀時，一些民俗習慣在嶺南一帶已頗為流行。新安縣（香港隸屬之縣地）是嶺南的一部分，因此今天的香港非遺元素，大多傳承自當時的嶺南風俗。透過這種比較，我們可以看見嶺南文人的書寫如何把地方民俗建構成廣東文化，見圖表 20。

13　《莊子》，亦即《南華真經》，相傳是戰國莊周所撰，實際上被視為道家在戰國期間的著作總集。莊周：《南華真經》，收入張宇初、邵以正、張國祥編纂：《正統道藏》（臺北：新文豐出版，1985），冊 19，〈雜篇天下第三十三〉，頁 452b。

14　〈首份香港非物質文化遺產清單〉，非物質文化遺產辦事處網站，https://www.icho.hk/documents/Intangible-Cultural-Heritage-Inventory/First_hkich_inventory_C.pdf，瀏覽日期：2023 年 6 月 22 日。

圖表 20　香港非遺清單與《廣東新語》記載對比

香港非物質文化遺產清單	《廣東新語》相關記載
1.8 謎語	元夕張燈燒起火，十家則放煙火，五家則放花筒……其燈師又為謎語，懸賞中衢，曰燈信。[15]
2.14 南音[16]	粵俗好歌，凡布吉慶，必唱歌以為歡樂……其歌也，辭不必全雅，平仄不必全叶，以俚言土音襯貼之……[17]
3.11 洪聖誕	• 扶胥者，廣東諸水之匯也，南海之神廟焉。[18] • 南海神廟在波羅江上，建自隋開皇年，大門內有宋太宗碑、明太祖高皇帝碑，其在香亭左右，則列宗御祭文，使臣所勒者也……神自唐開元時，祭典始盛，嘗冊尊為廣利王……藩臬大夫每春秋仲月壬日致祭，先出香盒於官庫，齎至神前，祭畢復歸藏焉。[19] • ……廟外波濤浩淼，直接重溟，獅子洋在其前，大小虎門當其口，欠伸風雷，噓吸潮汐，舟往來者必祇謁祝融，酹酒波羅之樹，乃敢揚颷鼓柁，以涉不測。[20]
3.15 北帝誕	• 吾粵多真武宮，以南海佛山鎮之祠為大，稱曰祖廟。其像被髮不冠，服帝服而建玄旗，一金劍豎前，一龜一蛇，蟠結左右，蓋天官書所稱，北宮黑帝，其精玄武者也，或即漢高之所始祠者也。或曰真武亦稱上帝，昔漢武伐南越，告禱於太乙，為太乙鏠旗，太史奉以指所伐國，太乙即上帝也。漢武邀靈於上帝而南越平，故今越人多祀上帝。[21] • 佛山則以上巳為真武會，放大爆竹……[22]

15　屈大均：《廣東新語》，卷 9，〈事語‧廣州時序〉，頁 299。
16　這些歌謠被稱為摸魚歌，又稱木魚歌，但實際上與南音一樣，是出於七言結構的韻文歌種，從木魚歌慢慢轉化而成的；另參程美寶：《地域文化與國家認同》，頁 136–137。
17　屈大均：《廣東新語》，卷 12，〈詩語‧粵歌〉，頁 358。此處屈大均的標題為〈粵歌〉，沒有指明是南音，可是其中的「辭不必全雅，平仄不必全叶」，實際與廣義上南音的定義相近，即代表以廣州話為語言媒介的傳統說唱曲藝的粵調。南音不單被定義為單獨的說唱傳統，也包括木魚歌、龍舟歌、粵謳等多種粵語曲藝傳統。
18　屈大均：《廣東新語》，卷 1，〈天語‧日〉，頁 2。
19　屈大均：《廣東新語》，卷 6，〈神語‧南海神〉，頁 205–206。
20　屈大均：《廣東新語》，卷 25，〈木語‧波羅樹〉，頁 635。
21　屈大均：《廣東新語》，卷 6，〈神語‧真武〉，頁 208。
22　屈大均：《廣東新語》，卷 9，〈事語‧廣州時序〉，頁 299。

香港非物質文化遺產清單	《廣東新語》相關記載
3.18 天后誕	• 艮之男為地公侯，故兑之女為天妃，然今南粵人皆以天妃為林姓云。[23] • 三月二十三日為天妃會，建醮扮撬飾童男女如元夕，寶馬彩棚亦百隊。[24]
3.21 金花娘娘誕	廣州多有金華夫人祠，夫人字金華，少為女巫不嫁，善能調媚鬼神，其後溺死湖中，數日不壞。有異香，即有一黃沉女像容貌絕類夫人者浮出，人以為水仙，取祠之，因名其地曰仙湖，祈子往往有驗。[25]
3.23.4 龍舟競渡	順德龍江，歲五六月鬥龍船。鬥之日，以江身之不大不小，其水直而不灣環者，為龍船場。約自某所起，至某所止，乃立竿中流以為界。船從竿左右鬥，不得逾界……凡出龍船之所曰埠。鬥得全勝還埠，則廣召親朋燕飲，其埠必年豐人樂，貿易以饒云。[26]
3.24 龍母誕	• 龍母溫夫人者，晉康程水人也。秦始皇嘗遣使盡禮致聘，將納夫人後宮，夫人不樂，使者敦迫上道，行至始安，一夕龍引所乘船還程水。使者復往，龍復引船以歸。夫人沒，葬西源上。龍嘗為大波，縈浪轉沙以成墳，會大風雨，墓移江北，每洪水淹沒，四周皆濁，而近墓數尺獨清。[27] • 德慶悦城水口，有龍母祠，祠南之山曰青旗，是多古木。有一巨桂，土人伐之作龍船。[28]

23 屈大均：《廣東新語》，卷 6，〈神語・天妃〉，頁 212。
24 屈大均：《廣東新語》，卷 9，〈事語・廣州時序〉，頁 299。
25 屈大均：《廣東新語》，卷 6，〈神語・金華夫人〉，頁 215。
26 屈大均：《廣東新語》，卷 18，〈舟語・龍船〉，頁 487–488。
27 屈大均：《廣東新語》，卷 6，〈神語・龍母〉，頁 212。順德當地舉辦龍母誕慶典以保佑船員出海，惟香港的龍母誕慶典一般是讓善男信女摸龍母床求子。由此可見，嶺南風俗於香港在地化過程中，產生了新的社區及文化意義。
28 屈大均：《廣東新語》，卷 25，〈木語・山木〉，頁 657。

香港非物質文化遺產清單	《廣東新語》相關記載
3.30 盂蘭勝會	• 十四祭先祠厲為盂蘭會，相餉龍眼、檳榔，曰結圓，潮州則曰結星。[29] • 潮人以土音唱南北曲者，曰潮州戲。潮音似閩，多有聲而無字，有一字而演為二三字，其歌輕婉，閩、廣相半。中有無其字而獨用聲口相授，曹好之以為新調者，亦曰佘歌。[30]
3.50／3.51 正一道士傳統 （新界／市區）	至東莞，每夜聞逐鬼者，合吹牛角，嗚嗚達旦作鬼聲。師巫咒水書符，刻無暇晷，其降生神者，迷仙童者，問觀者，婦女奔走，以錢米交錯於道，所在皆然。[31]
3.52 全真道士傳統	羅浮七星壇下，舊有七星松，甚怪。嘗化為劍客，從道士鄒葆光入朝，見帝凝仙殿。又化道士七人，往來山下。[32]
5.51 石灣陶塑製作技藝	錫器以廣州所造為良。諺曰：「蘇州樣，廣州匠。」鐵冶亦然。廣州之佛山多冶業，冶者必候其工而求之，極其尊奉，有弗得則不敢自專，專亦弗當，故佛山之冶遍天下。石灣多陶業，陶者亦必候其工而求之，其尊奉之一如冶，故石灣之陶遍二廣，旁及海外之國。諺曰：「石灣缸瓦，勝於天下。」[33]
5.56 印章雕刻技藝	陳喬生善篆刻，常為《四面石章賦》云：「印章之便者，莫如四面矣……小匠既治，名公始製。逖訪甘、何、邇推陳、魏。祖述秦漢，旁搜書契。龍信蠖屈，鳳儀虎勢。或蟲籀以間斯冰，或齋堂以參名氏，或陰文而配陽字，或道號而隆私記。油朱璀璨，鐵筆神麗。緩用勤拭，披文遊藝，故足貴也。彼夫刻意龜馳，殫精綰紐，不解六書，徒作矯柔。玩物喪志，亦孔之醜。吾無取焉。」[34]

29　屈大均：《廣東新語》，卷 9，〈事語・廣州時序〉，頁 299。
30　屈大均：《廣東新語》，卷 12，〈詩語・粵歌〉，頁 361。潮劇並不包括在香港非遺清單內，但卻是香港潮屬盂蘭勝會的重要構成部分，故特別在此注明昔日潮劇在嶺南的形態，以便讀者對比今天在港的情況差異。
31　屈大均：《廣東新語》，卷 6，〈神語・祭厲〉，頁 216。
32　屈大均：《廣東新語》，卷 25，〈木語・松〉，頁 609。
33　屈大均：《廣東新語》，卷 16，〈器語・錫鐵器〉，頁 458。
34　屈大均：《廣東新語》，卷 13，〈藝語・刻印〉，頁 369-370。

香港非物質文化遺產清單	《廣東新語》相關記載
5.64 古琴製作技藝	唐末,連州陳用拙善鼓琴⋯⋯明南海陳元誠製六虛琴,準古協度,以雷張自況⋯⋯[35]
5.75 玉器製作技藝	東莞黃貞仲亨,性絕巧,所製金石竹木諸弄物,及雕刻印紐,為天人、山鬼、蝘虎、白澤、飛狐、曰、鳥,各依石玉之色,點黃綴白,一一天成。即瓦礫入手,亦生光怪。[36]
5.89 捕魚技藝	漁具多種,其最大者曰罛,次曰罾。罛之類有曰深罛,上海水淺多用之。其深六七丈,其長三十餘丈。每一船一罛,一罛以七八人施之。以二罛為一朋,二船合則曰罛朋。別有船六七十艘佐之,皆擊板以驚魚。每日深罛二施,可得魚數百石。有曰緣罛,下海水深多用之。其深八九丈,其長五六十丈。以一大緺為上綱,一為下綱。上綱間五寸一藤圈,下綱間五寸一鐵圈,為圈甚眾,貫以緣以為放收。而以一大船為罛公,一小船為罛姥,二船相合,以罛連綴之。⋯⋯予生長海濱,知漁事,故具記之。然此乃吾番禺茭塘都取魚之具,非全粵如此。[37]
5.93 淡水魚養殖技藝	• 九江鄉以養魚苗,魚苗之池,惟九江鄉有之。他處率養大魚,即養魚苗,不繁滋也。諺曰:「九江估客,魚種為先。左手數魚,右手數錢。」[38] • 廣州地多池塘,所畜者鰱、鱅、鯇、鯪、鯽,皆以魚秧長之。[39]

35　屈大均:《廣東新語》,卷 13,〈藝語・鼓琴〉,頁 367。
36　屈大均:《廣東新語》,卷 13,〈藝語・黃仲亨刓玉〉,頁 369。
37　屈大均:《廣東新語》,卷 22,〈鱗語・漁具〉,頁 560–563。由於該處內容甚豐富,故只節錄頭尾一段,說明屈大均的認知。其中尾段一句說因其居於海濱,故對漁具與捕魚文化有豐富的認知,使得他對此有著完整的書寫。
38　屈大均:《廣東新語》,卷 22,〈鱗語・養魚種〉,頁 564。
39　屈大均:《廣東新語》,卷 22,〈鱗語・魚〉,頁 552。

香港非物質文化遺產清單	《廣東新語》相關記載
5.94 蠔養殖技藝	東莞、新安有蠔田，與龍穴洲相近，以石燒紅散投之，蠔生其上，取石得蠔，仍燒紅石投海中，歲凡兩投兩取……打蠔之具，以木製成如上字，上掛一筐，婦女以一足踏橫木，一足踏泥，手扶直木，稍推即動，行沙坦上，其勢輕疾。既至蠔田，取蠔鑿開，得肉置筐中，潮長乃返。橫木長僅尺許，直木高數尺，亦古泥行蹈橇之遺也。香山無蠔田，其人率於海旁石岩之上打蠔，蠔生壁上，高至三四丈，水乾則見，以草焚燒之，蠔見火爆開，因夾取其肉以食，味極鮮美。番禺茭塘村多蠔。有山在海濱，曰石蠣，甚高大，古時蠔生其上，故名。今掘地至二三尺，即得蠔殼，多不可窮，居人牆屋率以蠔殼為之，一望皓然。[40]
5.97 鹽曬製技藝	鹽有鹽田。鹽之為田也，於沙坦背風之港，夾築一堤，堤中為竇，使潮水可以出入也。……南海陰火太盛，其味益鹹，故廣鹽為吳、楚所重，南贛人為醃醬者，必以廣鹽，謂氣力重於淮鹽一倍云。[41]

屈大均對嶺南的風俗記載十分全面，以今天非遺的五大範疇來看，以「表演藝術」、「節慶與社會實踐」及「傳統手工藝」的著墨較多。這也是因為「口頭傳說」及一些「與自然界相關的知識」，難以在文人筆記及書寫中以文字形式保存下來。不過，屈大均的記載，可以看見一些節誕與今天差異不大，如天后誕建醮、舉行飄色等，與今天香港一些慶祝天后誕的情況相近。[42] 雖然在以往，香港的洪聖廟並沒有任何官員舉行祭典來保祐百姓出海順利，但是洪聖廟卻獲不少漁村社區視為官方認可

---

40 屈大均：《廣東新語》，卷 23，〈介語・蠔〉，頁 576–577。
41 屈大均：《廣東新語》，卷 14，〈食語・鹽〉，頁 381–383。
42 如石澳在打醮年（即 1996、2006、2016 或 2026 年），天后誕賀戲將會與太平清醮一併舉行。

的海神，大家都希望通過洪聖的神力，保護自己的村落。[43] 另外，屈大均提及「上巳」是舉行北帝誕的日子，現時香港仍一致於農曆三月初三賀誕。

當然，一些工藝與習俗已經變化很大，形式亦十分不同，如養蠔、曬鹽、捕魚等；又或是今天香港的盂蘭勝會，已甚少用檳榔和龍眼這兩種南方水果作為主要的祭品。不過，這些在嶺南流通及普及的技藝，到現在獲列入為香港的非遺清單，並視為香港傳統文化的憑藉。從上述記載可見，文人筆下的明清廣東情況，雖與香港現在經歷過時代、在地化變遷後的情況有所不同，但是整體仍然可見同屬一種文化脈絡下的變遷。由於屈大均刻意記載這些獨有的風俗習慣，作為反映自己對於嶺南文化與國族想像的憑藉，使得我們今天能窺探到相關的變化。與此同時，他獨特的明朝遺民意識，藉著展示嶺南的傳統風物，表明了嶺南是把中原文化保存與繼承下來的地方。他亦指出，地方的風俗並非像昔日一般為難以令人接受的野蠻習慣，而是在地方上具有智慧解決現實限制的行為與手段。[44] 屈大均在〈地語〉部分進一步說明華南之地理環境，不像中原古人之想像般落後，反而是學得聖人精華之地：

> 雖天氣自北而南，於此而終，然地氣自南而北，於此而始。始於南，復始於極南，愈窮而愈發育，故其人才之美有不生，生則必為天下之文明。蓋其位在離，離中虛，故廣南之地多虛，極

43 〈滘西洲洪聖爺誕濃情依舊〉，《香港商報》，2021 年 4 月 4 日，https://www.hkcd.com/content/2021-04/04/content_1259908.html，瀏覽日期：2023 年 6 月 20 日。

44 程美寶認為這是地方志修纂者運用的一套文化滲透論，以化解地域文化與中原文化之間差異與一致性的矛盾問題。關於此，詳參程美寶：《地域文化與國家認同》，頁 60–61。

南之地在海中尤虛。虛而生明，故其人足文而多智，學得聖人之精萃，辭有聖人之典則，以無喬乎海濱鄒魯。[45]

屈大均與其他文人更進一步建立和確定這種說法，如他提到南雄珠璣巷，是北方宋人南渡時入嶺必經之途：

吾廣故家望族，其先多從南雄珠璣巷而來。蓋祥符有珠璣巷，宋南渡時諸朝臣從駕入嶺，至止南雄，不忘榆所自，亦號其地為珠璣巷。如漢之新豐，以志故鄉之思也。[46]

這裏提到「故家望族」，即表示從中原移居嶺南一帶的家族於嶺南的聲望相對原來已定居家族更為顯赫。像《嶺南叢述》的作者鄧淳（1776–1850）所指：「嶺南自宋而後，風景人物，直與中州相埒。」[47]而這種與中州相近的想法，實與自宋南渡，中原士大夫僑居相關，他進一步補充：「嶺南自秦岳山通道以來，其間治亂不一，宋南渡後，中州士夫接踵僑居，文明愈啟，然山菁海寇，往往有梗化者，惟我聖朝郅治，覃敷海隅，罔不率俾，為亘古未有之隆，此誠萬年有道之靈長也，故終之以靖氛。」[48]

程美寶指，當代廣東人認為自己有文化，是因為他們是北方移民

45　屈大均：《廣東新語》，卷 2，〈地語·地〉，頁 29。
46　屈大均：《廣東新語》，卷 2，〈地語·珠璣巷〉，頁 49。
47　鄧淳：《嶺南叢述》（北京國家圖書館藏 1835 年色香俱古室藏版），〈凡例〉，頁 1a。
48　鄧淳：《嶺南叢述》，〈凡例〉，頁 1a–b。

的後裔。[49] 自明清以來，文人已開始建立及詮釋這說法，後來成為香港各區宗族起源傳說的關鍵構成部分，亦是展現宗族實力與地位的重要手段。這些明清文人的書寫及地方志，經常強調宋室南渡後，士大夫們遷徙至嶺南各地。人口流動無疑是嶺南社會轉變的關鍵因素，但更重要的是，嶺南文化的提升或不再被視為蠻夷、不文明的關鍵，是由於他們不再是過去的嶺南人——他們是宋室南渡後，帶著中原文明水平遷移到南方的「新嶺南人」。

四、方志的嶺南風俗描述

古代的編史者通常認為「粵人俗鬼」、[50]「粵人之俗，好相攻擊」。[51] 方志裏都有系統地呈現這些風俗。《康熙新安縣志》按時序排列了一年內獨特的地方風俗：[52]

圖表 21 《康熙新安縣志》載一年風俗

元旦	禮神，遍拜尊長親友，講之拜年。自後，連日相安謂之飲年酒。
立春	民間以是日，有事於祖祠。
元宵	張燈作樂，凡先年生男者，以是晚慶燈。

---

49 程美寶：《地域文化與國家認同》，頁 67。
50 阮元等纂修：《道光廣東通志》，卷 331，〈雜錄一〉，頁 2b。「粵人俗鬼」意思即古人認為南方人士相對迷信，沉迷鬼神之說，缺乏中原文人或儒者不事鬼神的意念。
51 阮元等纂修：《道光廣東通志》，卷 92，〈輿地略十・風俗一〉，頁 1a。這裏也與「粵人俗鬼」一樣，間接地指出嶺南人士容易互相攻擊，引起衝突，與中原人士講求禮儀的情況並不相同。
52 靳文謨修，黃袞裳、許光岳、鄧文蔚參輯：《康熙新安縣志》，例卷 1，頁 1b。

正月十九	……名天機……鄉人作紙船送耗到門，主人以麻豆置船中，送於郊外，船去則來桃枝掛六蒜於門，以辟邪鬼。[53]
正月二十	各家以紙寶，向外化之為送窮。
二月社日	鄉人烹豚，釃酒祭社神，以祈有年。
三月清明	有事於先塋。
五月端午	釀角黍，縛艾虎，製龍舟競渡。[54]
夏至	屠狗，食荔枝解瘧。
七月初七	曝書帙、衣服；是日雞唱時，兒女早起，焚香於天，街前乞巧。
七月十四	盂蘭會化衣，以祀其先者，必宰鴨為敬……[55]
八月中秋	具酒賞月食芋。
九月初九	祭墓登高，放紙鷂。
十一月冬至	有事於家祠，必宰鴨為敬云。
十二月廿四	為小年，晚祭竈。
除夕	洗澡，換桃符，貼金錢，燃燈燒爆竹，為酒以守歲。

---

53 阮元版《道光廣東通志》都有相近的論述：「十九日，掛蒜於門以辟惡，廣州謂為天穿日，作餺飩禱神，曰補天穿。」見阮元等纂修：《道光廣東通志》，卷 92，〈輿地略十·風俗一〉，頁 4b。

54 《道光廣東通志》有關製龍舟的説法更為仔細：「粵人習海競渡，角勝而大洲比，常製猶異十餘年，始一舉船廣可三丈長，五之龍首至尾，金光奪目疊綵……」見阮元等纂修：《道光廣東通志》，卷 92，〈輿地略十·風俗一〉，頁 16a。

55 《雍正廣東通志》有相近的説法，具體地指出燒衣紙以祭祀祖先：「十四日，浮屠盂蘭盆會剪紙為衣，以祀其先。」詳參郝玉麟編纂：《雍正廣東通志》（廣州：廣州出版社，2015），卷 51，〈風俗志〉，頁 4b；《道光廣東通志》則提到：「先祠厲為盂蘭會，相餉龍眼、檳榔曰結圓。」見阮元等纂修：《道光廣東通志》，卷 92，〈輿地略十·風俗一〉，頁 20b。

現時香港仍然保留不少圖表 21 中提及的地方風俗，例如元旦拜年、元宵張燈、正月十九扒天機、五月端午釀角黍和製龍舟競渡、七月十四化衣、冬至在家祠祭祀等，這些都是香港非遺項目的傳統。就地區而言，香港島、九龍及新界的不同村落或都市空間，都有相近的習俗與儀式。同時，代表著整個嶺南地區的《廣東通志》都有相關風俗的記載與描述，可見這些風俗在嶺南各地通行，而偏僻的新安也在各地人際交流的影響下，以此一脈繼承著相關的文化習俗。不過，這些文化習俗不再像以往的風俗描寫一般，用以表述嶺南落後的觀念。反之，《康熙新安縣志》的編者，進一步詮釋廣東風俗習慣的特徵，認為其不但沒有違背中原或國家體制下的道德及文化標準，反而能配合國家的統治需要，實現教化：

> 論曰：「習俗移人，賢者不免，故孔氏有阼階之立，獵較之行，非不欲盡矯俗而軌於正也。苟無傷於大義，則純儉之眾，亦若可從他。如上巳修禊，重九落帽，前哲何嘗諱焉。邑自晉永嘉之際，中州人士避地嶺表，多留茲土，禮義之漸所由來矣。其模拙成風，巧飾不習，雖未出於正，而亦不可謂非忠厚之選也，獨是鼓樂送葬宴飲吊客，崇尚師巫，此兩習之因仍而，又或者乘喪嫁娶，則近於蔑禮傷俗，宜革而化之，統在良司牧耳。」[56]

因此，《康熙新安縣志》裏提到孔子「有阼階之立」，即指孔子也會穿上朝服協助驅鬼迎神之活動的主人，歡迎客人，為的是尊重習俗，也對

---

56 靳文謨修，黃袞裳、許光岳、鄧文蔚參輯：《康熙新安縣志》，卷 3，〈地理志〉，頁 21a。

祭祀儀式有誠敬之心。而這種說法希望展現的是，廣東這些民俗習慣都是用作教化民眾，並非愚昧之事，不應簡化為傳統陋習。顯然易見，就像屈大均書寫一樣，嶺南一帶的地方志，開始嘗試重新轉化和解讀粵人文化。陳伯陶（1855–1930）的《勝朝粵東遺民錄》，便曾表示：「士之談節義者，昌於宋盛於明，吾粵在宋時被中原文獻之傳詒，而嶺學大興，與中原埒名臣鉅儒，先後間出，莫不敦崇名教倡導鄉邦。」[57]

語言方面，文人也嘗試說服讀者理解廣東方言並非難讀之語，而是清婉可聽之音；只是與中原之人有語言上的不同，而非等級有所高低：

> 古稱鴃舌者，為南蠻猺獠諸種是也。自秦以中土人與趙佗風俗已變，東晉南宋衣冠望族，向南而趨，占籍各郡。於是，語言不同，省會音柔而直，歌聲清婉可聽，唯東新各邑平韻多作去聲。韶南連州地連楚豫，言語大略相通，其聲重以急。惠之近廣者，其音輕以柔，唯齊與灰庚與陽四韻音同，莫辨與寧長樂音近。[58]

一般而言，嶺南風俗並非一直以來都被視為高尚和合禮。只是他們認為嶺南自唐宋以後，成了中州有禮之士生活的空間，禮義風氣由這些大家望族帶動起來。

57　陳伯陶的同輩，另一位晚清遺老吳道鎔（1852–1936）為陳氏著作撰序，寫了上述的句子。可見，晚清遺民認為嶺南的學術風氣發展與中原大致相同。見陳伯陶：《勝朝粵東遺民錄》（丁巳 1917 年真逸寄廬自刊本），〈序〉，頁 1a。
58　阮元等纂修：《道光廣東通志》，卷 92，頁 6a–b。

阮元輯《道光廣東通志》用功甚深，對於廣東地方文獻的收集相當重視，故委派當時熟悉本土的地方官搜集遺留於各地的風土民情，如鄧淳負責東莞的部分，儀克中（1796–1837）則負責番禺的部分。[59] 這些地方官員，特別是在廣東地區出生的官員，有份參與廣東文化的歷史建構。

例如，康熙二十七年（1688）版《新安縣志》，錦田族人鄧文蔚（活躍於 17 世紀）參與共同編修。[60] 他把其祖先的故事記載在縣志裏，如該志便有鄧符墓與鄧自明墓的具體記載：[61]

> 宋稅院郡馬鄧自明墓，在石井山。當宋南渡時，鄧勤王有功，故其子自明得尚高宗公主，生男四人：林枕槐梓。光宗嗣位，林復持母手書上闕，遂賜祭田十頃在石井。今子孫蕃盛，其祭田猶存。[62]

另外，他們把鄧氏塑造成望族，放在方志裏，冀為官府或其他士人認知其家族在新安，甚或於廣東的地位：

> 鄧符，字符協，江西吉水縣人，宋崇寧間進士，授承務郎，權南路，歷官陽春縣令，入廣樂風土之美，卜居於邑之錦田桂角

59 程美寶：《地域文化與國家認同》，頁 65–66。
60 靳文謨修，黃袞裳、許光岳、鄧文蔚參輯：《康熙新安縣志》，〈修志凡例〉，頁 1b。
61 靳文謨修，黃袞裳、許光岳、鄧文蔚參輯：《康熙新安縣志》，卷 3，〈地理志〉，頁 19a。
62 舒懋官主修，王崇熙總纂：《嘉慶新安縣志》，卷 18，〈古蹟・邱墓〉，頁 251。

山下，創力瀛書齋，以招來學，南海霍暐記其事，後曾孫自明，
尚高宗公主，子孫世居錦田、龍躍頭、屏山、林村、廈村等處，
至今推為望族。[63]

後來《廣東通志》也記載了鄧自明墓穴及鄧氏族人的傳說，此說進一步
獲得官員接納，並成為地方歷史的一部分。因此，鄧氏在區域內維持和
擴大了社會影響力。據《康熙新安縣志》載，當時位於元朗的茅洲新舊
二市和大步墟，是新安較為重要的墟市。[64]正好這兩墟都是鄧氏所建立
的村落，可見地方志既是表述當地風俗與社會面貌的書籍，同時又成為
了認證鄧氏為香港世家望族之渠道。

香港另一大氏族文氏的故事，也被記載在方志中：

文應麟宋丞相文天祥，從孫佣儻尚志節，景炎中丞相弟壁守
惠州兵至，壁以城降，應麟恥之，攜二子起東起南，遁於邑之東
渚遂家焉，厥後，子孫繁衍第蟬聯世澤流長，稱為極盛。[65]

地方志的編輯者都會把地方望族寫在方志裏，無論是單一的縣志，還是
共同出版的通志，都是區域之間的競爭；望族希望有空間表現自己的
地位，編輯者希望說明自身縣邑是「禮儀之邦」，《康熙新安縣志》便
提到：

63　舒懋官主修，王崇熙總纂：《嘉慶新安縣志》，卷 18，〈人物・流寓〉，頁 222–223。
64　靳文謨修，黃袞裳、許光岳、鄧文蔚參輯：《康熙新安縣志》，卷 3，〈地理志〉，頁
　　11a。
65　舒懋官主修，王崇熙總纂：《嘉慶新安縣志》，卷 18，〈人物・流寓〉，頁 223。

士屬學術，而僅仕進彈冠膺職者代多賢聲焉。民多農桑而復商賈，凡各市肆貿易係異邑人。邑尚樸誠，不好文餙，少為偕道，少學工邵器用取渾堅不尚淫巧。[66]

可見，他們表述區域內的文人都是勤於學術之人，而非不學無術之人。這種無理自讚的書寫方法，實情就是地方志編者用於表述地域文化的結果，也是與他者比較地域文化的形式。

五、傳教士的「客家」概念創造

臺灣學者施添福認為客家研究有很多根本性定義問題，過往沒有梳理清楚，但大體上可劃分為「本貫主義」、「方言主義」和「總體演變」三方面，以理解客家觀念的定義。「本貫主義」者認為「客家」的「客」指寄寓、暫居、離開本貫遷移他地的異鄉人或外來人，相對於本貫的主房，他們被視為客籍、客家和客民，其實是一種通稱。按施氏的定義，落籍於閩粵贛三省交界地區的住民在原住地不可被稱為客家，只有離開後才稱為「客家」。「方言主義」者，則以鄉音方言概念，即指使用客方言的人。「總體演變」即從「本貫主義」轉往為「方言主義」的演變，[67]可是不同學者對此說法還是有爭議，也會導致各自對客家定義的不理解，從而產生了各種無休止的問題。

---

66 靳文謨修，黃袞裳、許光岳、鄧文蔚參輯：《康熙新安縣志》，卷3，〈地理志〉，頁19b。

67 施添福：〈從「客家」到客家（一）：中國歷史上本貫主義戶籍制度下的「客家」〉，《全球客家研究》，第1期（2013年11月），頁5–8。

林正慧認為華南的客家在宋元之際，群體間形成了共同方言與地域文化，但是隨著遷海復界後，大量的這些邊區方言人群向粵東沿海居住，[68] 而形成土客衝突；地方志對客方言人群有不少負面的評價，成為了廣府本地人的文化比較對象。[69] 據梁肇庭（Sow-Theng Leong）的研究發現，[70] 客家其實是不少粵人與潮人文獻負面地構建的概念，他們對客家的記述都比較負面，情況就像北方描述粵人和南人一樣。[71] 這種本地蔑視客家的想法在歐德理的書寫中也能看見。本章以華南客家為中心，故綜合來說，香港的客家是指遷海復界後，為解決新安一帶人口不足，接受粵東地區號召而來的社群。[72]

　　無論是施添福還是林正慧，都強調傳教士對客家概念的模鑄有關鍵的意義，特別是扭轉了明清以來後代對「客家」的貶義使用，把「客家」回歸為較中性的字眼。因此，大眾主流早已依據傳教士所常用的「方言主義」定義標記「Hakka 客家」，[73] 甚至在民國或現在的學術知識界，都已接受了這種習慣。這種鑄造可見傳教士對於客家族群的認識與及其描述，有助我們了解嶺南這一群非常重要的地域、方言社群的歷史變遷。

68　林正慧：〈華南客家形塑歷程之探究〉，《全球客家研究》，第 1 期（2013 年 11 月），頁 57–122。
69　施添福：〈從「客」到客家（二）：粵東「Hakka・客家」稱謂的出現、蛻變與傳播〉，《全球客家研究》，第 2 期（2014 年 5 月），頁 38–48。
70　Sow-theng Leong, *Migration and Ethnicity in Chinese History: Hakkas, Pengmin, and Their Neighbors* (Stanford: Stanford University Press, 1997).
71　程美寶：《地域文化與國家認同》，頁 77。
72　蕭國健：《清初遷海前後香港之社會變遷》，頁 170–181。
73　施添福：〈從「客」到客家（二）〉，頁 50–66。

荷蘭傳道會德語傳教士兼曾擔任英國駐華商務監督翻譯的郭實臘（Karl Gützlaff, 1803–1851），曾向其他傳教士介紹客族的存在，令同為德語區教會的瑞士巴色傳道會開始認識到中國有「客家民族」。後來受其影響，巴色會派遣了韓山明和黎力基來華傳教，他們原定希望以香港為基地，以中國大陸為目標，到客家區域傳教。[74] 韓山明曾與洪仁玕（1822–1864）接觸，並記述有關太平天國與洪秀全（1814–1864）的情況。黎立基則曾把《馬太福音》與《路加福音》等翻譯為廣東客家話。

郭思嘉（Nicole Constable）研究發現基督教與客家身分認同有特殊的關係，崇謙堂是巴色教會在粉嶺的重要會堂，也是建立香港客家基督教網絡的重要根據地。20 世紀以來，崇謙堂村村民都是基督徒，如彭樂三（1875–1947）、羅香林（1906–1978）等名人都居於崇謙堂村。村民透過崇謙堂村的教會記憶，擴大其社區影響力，從而延續其客家認同，[75] 視為自身地域文化的一部分，並與鄰近的龍躍頭相提並論。由此可見，傳教士對客家族群在華南的成長有相當重要的意義。

〈客家漢人民族誌略〉（"Ethnographical Sketches of the Hakka Chinese"）是傳教士歐德理的考察筆記，在 1867 至 1869 年期間撰寫，分 12 篇文章在《中日釋疑》（*Notes and Queries on China and Japan*）

74　陳麗華：〈香港客家想像機制的建立：1850–1950 年代的香港基督教巴色會〉，《全球客家研究》，第 3 期（2014 年 11 月），頁 144–145。

75　Nicole Constable, *Christian Souls and Chinese Spirits: A Hakka Community in Hong Kong* (Berkeley: University of California Press, 1994), pp. 39–60.

上發表。[76] 歐德理也在《中國評論》（*The China Review*）發表〈客家歷史人綱〉，[77] 學者們認為這些史料都是研究客家的重要材料。筆者認為這些史料可以讓我們從傳教士的視野來了解客家的風俗習慣，例如歐德理談及客家文學時，指客家人流行的詩歌為「山歌」，並指客家山歌可被視為華中地區的茶歌。客家山歌是香港非遺清單的項目之一，有關歷史大多透過客家族群口述記錄下來。但是，歐德理早在 19 世紀已經留意到客家山歌的特徵，包括無法用漢文寫出來，但村民卻能通過口述的形式一代傳承一代。為了保存其中的內容，他把一首客家山歌翻譯成英文，不但呈現出山歌兩邊對唱的特徵，也反映了客家人的艱苦故事。[78] 由此可見，歐德理的記述有助我們重組客家風俗的特徵。

歐德理有關客家社群的記述經常採用比較的方式來展示客家人的特色。例如，為了讓英語世界的讀者理解嶺南地區本地、客家與鶴佬人的分別，歐德理以英國的人種來比喻：本地人就像最早登陸不列顛島的撒克遜人（Saxons），鶴佬人就像當地定居在沿海與河岸邊的丹人（Danes），而客家人則像四散在島各地的諾曼人（Norman）。[79] 同時，為了展示客家的特色，歐德理會刻意以客家的習俗和生活與本地人比

---

76 此論文自 1867 年 5 月起，於三年內分拆了 12 篇文章在《中日釋疑》上發表，當中 9 篇在 1867 年發表，2 篇在 1868 年發表，以及 1 篇在 1869 年發表。文章主題包括客家文學、客家方言、客家的特色與習俗、廣東的不同族群、客家的歌曲和客家的宗教。

77 《中國評論》蛻變自《中日釋疑》，都是由香港的 China Mall 出版。簡宏逸：〈歐德理與他的傳教士民族誌〉，頁 4–5。

78 其英譯的山歌題目為 "Resurrection and Reunion, or the Breaking up of the Sugar Mill"。資料所限，無法了解歐德理所譯的山歌原題是什麼，但是本文希望呈現的是傳教士對客家風俗與材料保存上的意義。見 Ernst. J. Eitel, "Hakka Literature," *Notes and Queries on China and Japan*, vol. 1, no. 4 (1867), pp. 37–40。

79 Ernst J. Eitel, "Ethnographical Sketches of the Hakka Chinese (II): The Different Races Inhabiting the Canton Province," *Notes and Queries on China and Japan*, vol. 1, no. 5 (1867), pp. 49–50.

較，例如，他提到客家人的特質都是窮苦的務農人、沒有幾間自己的學堂，都是相對於本地人而言。歐氏又指客家人的祖先廳堂和房屋較本地人的糟糕，條件較差。[80]

此外，歐德理留意到不少客家婦女都需要負擔各種戶外工作，與本地人村裏的女性多待在家有所不同；他甚至用纏足習慣來比較本地人與客家人。[81] 服飾上，客家婦女都會披上一塊藍布，以棉條固定，是其特有服飾，以便她們工作。[82] 另外，廟宇及房屋興建的習慣也可用作辨識客家人：本地人喜歡在村落邊緣建廟，而客家人會在村的中央蓋廟；本地人通常有幾排房子，而客家人的房屋通常是一長排的。[83]

即使是日常生活裏的非遺經驗，歐德理仍然習慣透過與本地人的比較來凸顯客族人的傳統。歐德理記錄了很多客家民歌，如山歌、採菜歌、鹹水歌、乞食人歌和小兒歌等，特別指出客家人不像本地人般會有自己的說書人或書籍記載故事，但民歌卻是客家老幼的共同生活記憶，任何人都能夠隨時唱出數量不少的民歌。[84] 這裏顯示客家人不利用文字記錄傳統，只靠口耳相傳的智慧。

---

80 Ernst J. Eitel, "Ethnographical Sketches of the Hakka Chinese (III): Character, Customs, and Manners of the Hakkas, Compared with those of the Other Races Inhabiting the Canton Province," *Notes and Queries on China and Japan*, vol. 1, no. 7 (1867), pp. 81–82.

81 Ernst J. Eitel, "Ethnographical Sketches of the Hakka Chinese (IV): Character, Customs, and Manners of the Hakkas, Compared with those of the Other Races Inhabiting the Canton Province," *Notes and Queries on China and Japan*, vol. 1, no. 8 (1867), pp. 97–98.

82 Eitel, "Ethnographical Sketches of the Hakka Chinese (III)," pp. 81–82.

83 Eitel, "Ethnographical Sketches of the Hakka Chinese (IV)," p. 98.

84 Ernst J. Eitel, "Ethnographical Sketches of the Hakka Chinese (V): Popular Songs of the Hakkas," *Notes and Queries on China and Japan*, vol. 1, no. 9 (1867), pp. 113–114.

此外，歐德理也詳細記載客家人的宗教習俗及其與其他族群的差異，[85] 如客家人敬畏玉皇大帝，視之為世界的主宰，促使歐德理認為客家人有一神意識，與基督教想法契合；[86] 相反，他認為本地人及鶴佬人失卻一神論意識，且受到佛教或官方祀典的影響。他又指客家人較為重視祭祖和道教，而忽視佛教。[87] 他們這些習慣對於傳教士而言有重要的意義，因這樣的記述可讓來自不同地方的傳教士掌握客家人的生活特徵，調整向客家人傳教的方式。而《中國評論》最初的讀者不少都是傳教士，當中的文章原來只是為了方便傳教，反過來卻令我們對這些在方志中被蔑視之人的文化風俗有更全面的認知。歐德理等傳教士們的民族學考察，成為了我們掌握 19 世紀華南（包括香港）客家人生活細節的重要史料，從而讓我們知道今天與客家傳統相關的非遺在百多年前的面貌，認識到當中的傳承經驗。

六、小結

地方書寫除了反映國家認同觀念在地域的融入與演變外，也說明方志的作者或文人撰寫筆記時，他們如何通過文字的表述來構建他們理想中的嶺南地域文化。這些嶺南地域文化昔日被視為野蠻人士之習

85　Ernst J. Eitel, "Ethnographical Sketches of the Hakka Chinese (VI): The Religion of the Hakkas," *Notes and Queries on China and Japan*, vol. 1, no. 12 (1867), pp. 161–163; Ernst J. Eitel, "Ethnographical Sketches of the Hakka Chinese (VI): The Religion of the Hakkas (Continued)," *Notes and Queries on China and Japan*, vol. 2, no. 10 (1868), pp. 145–147.

86　Ernst J. Eitel, "Ethnographical Sketches of the Hakka Chinese (VI): The Religion of the Hakkas (Continued)," *Notes and Queries on China and Japan*, vol. 2, no. 11 (1868), pp. 167–169.

87　另可參考簡宏逸：〈歐德理與他的傳教士民族誌〉，頁 28–29。

俗，不為中原人士所認同與接受。可是，明清易代以後，這些風俗慢慢蛻變為移風易俗的手段，文人們合理化及道德化他們自身社區的傳統，甚至權力機構也積極形塑這些項目。因此，今天的非遺項目也像昔日的文化傳統一樣，符合了文化道德的標準，大眾亦可從文化儀式中獲得幸福感、認同感等。

另一方面，傳教士對客家的書寫，也讓我們認知到 19 至 20 世紀的客家人並不受本地人所歡迎，他們的風俗大多被消極地批判或忽略。在傳教士的描寫中，可讓我們窺探客家人當時的生活經驗與習慣。這些傳教士的記錄與田野考察有助學界了解客家人如何通過其生活經驗，促使他們建立一套與本地人有所不同的文化認同觀，日後發展成為香港各種非遺項目的重要構成板塊。在談論本地人如何建立自己的文化觀及合理化各種生活習慣的同時，也需顧及被刻意忽略的客家人，如何在這個空間中掙扎求存。時至今日，客家文化已轉化為香港社會呈現自身傳統文化的構成部分。

本章作者

羅樂然

第四章

嶺俗南來：
移徙的嶺南信俗與
族群認同的憑藉

一、小引

所謂「南來」，其實是學術界一個經常用作探討香港學術文化變遷的特別觀念，[1] 指的是國內來港的作家和文化人在短暫停留或長期定居香港時，參與的各種文化活動如何成為連繫著中國與香港之間的文化紐帶，並且對香港文化發展帶來貢獻。[2] 學者王宏志把「南來」追溯至晚清時期王韜（1828–1897）因政治問題而來港尋求庇護。作為「南來文人」群體與思想脈絡的開始，王韜的經歷可以說是南來文人的典型文化和社會定位。他們因中國政局牽連而移居香港，但其在港參與的活動仍與中國社會及文化息息相關，並沒有全面參與到香港的本土文化與社會之中。本章藉「南來」概念，希望探討一些 19 至 20 世紀起從嶺南地區漸漸傳入香港的信俗，觀察信俗在港傳承的過程與變遷，從而探討嶺南傳統如何成為香港不同社群的認同憑藉。

鴉片戰爭以後，轉口港經濟令香港發展成為一個人口流動頻繁的社會，國內不同社群因各種經濟及社會因素輾轉定居於此。17 世紀，清朝康熙遷界令撤銷以後，除了原居深圳河一帶的本地氏族回流外，也吸引了來自粵東的客家住民遷入，成為開墾荒廢土地的主要勞動力。這些客家住民亦成為香港最早的流動及遷徙人口。

---

1 當然，「南來」的觀念也可用於東南亞華人的文學史與學術史討論。關於東南亞南來文人的研究，可參考金進：〈馬華文學的發生與發展（1919–1965）——以南來作家的身分認同與轉變為討論對象〉，《東華漢學》，第 18 期（2013 年 12 月），頁 377–424；另參蘇偉貞：〈不安、厭世與自我退隱：南來文人的香港書寫——以一九五〇年代為考察現場〉，《中國現代文學》，第 19 期（2011 年 6 月），頁 25–54。
2 王宏志：〈南來文化人：「王韜模式」〉，《二十一世紀》，第 91 期（2005 年 10 月），頁 69。

太平天國起義是改變香港經濟及社會變遷的關鍵因素，除了勞動人口遷入香港尋求工作機會外，容世誠發現民變為香港帶來了一批來自廣州和潮州的華人富商。太平天國的民亂使得富商大戶不得不離開原居地，到他地重新生活；同時，他們希望避開清政府開徵的軍捐重稅。[3] 因此，香港在 1860 年後得到了一批具商業及經濟能力的新住民人口。

後來辛亥革命、軍閥混戰等國內重大政治變化，也使到不少內陸國民離鄉別井，定居香港。一些不願意接受中華民國政權，決心退隱政事的清朝遺老定居在今天九龍城一帶，把香港當時唯一尚存的清朝官衙所在地 —— 九龍城塑造成為他們懷念故國之地。其中，南來到港的晚清遺老之一陳伯陶，與屈大均一樣，對地方文史產生興趣，先後考訂宋皇臺和九龍城侯王廟的故事，確認兩個遺址都與南宋有關。[4] 除了九龍城外，香港大澳、東涌、廈村、屏山，廣州石溪、車陂，深圳寶安、南山等地都有侯王廟。[5] 一直以來各地都沒有具體明確的有關任何侯王信俗的記錄，古代文獻也沒有直接的認證。而陳伯陶在〈侯王廟聖史碑記〉中卻一錘定音，考訂侯王為宋末國舅楊亮節，[6] 豐富了香港及嶺南各地楊侯

3　容世誠：〈香港戲曲史上的商業戲園（1865-1910）〉，《民俗曲藝》，第 199 期（2018 年 3 月），頁 183-184。

4　關於遺老的集體記憶與宋皇臺、侯王廟傳說的建構，可參考 Tze-ki Hon, "A Rock, a Text, and a Tablet: Making the Song Emperor's Terrace a *Lieu de Mémoire*," in *Places of Memory in Modern China: History, Politics, and Identity*, ed. Marc Andre Matten (Leiden: Brill, 2011), pp. 133-165；並參姚道生、黃展樑：〈空留古廟號侯王：論九龍城宋季古蹟的記憶及侯王廟記憶的歷史化〉，《思與言：人文與社會科學期刊》，第 55 卷，第 2 期（2017 年 6 月），頁 17-69。

5　高添強：《香港今昔（增訂版）》（香港：三聯書店，2007），頁 34；黃學濤、劉正剛：〈大都市中的鄉村印跡 —— 廣州石溪村考察記〉，《田野與文獻》，第 75 期（2014 年 4 月），頁 1-12。

6　陳伯陶在撰九龍城〈侯王廟聖史碑記〉時提到：「余曰此殆楊亮節也。」這裏即解他只大概認為侯王廟所祀的是楊亮節。

廟和楊侯信仰的故事，使得華南的風俗與中國的王朝歷史論述結合，增加地域文化與國家體制之間的關聯性。南來人口不單改變了香港在 20 世紀的人口結構，也令不同的文化、知識及價值觀傳入香港，甚至為香港的傳統風俗與社會面貌重新添加新的意義。

1928 年 9 月，南京國民政府公佈了《廢除卜筮星相巫覡堪輿辦法》，強制相關從業員改營其他正當職業。[7] 同時，1929 年 7 月廣州市成立了風俗改革委員會，推動反迷信政策。例如《申報》曾報道 1930 年代國內政府部門嚴格查禁中元節的盂蘭勝會，認為這是迷信的愚夫愚婦設壇建醮，賑濟無祀孤魂。[8] 當時不少風俗及宗教習俗，如盂蘭勝會，受到不同程度的打壓。

第二次世界大戰的結束及國共和談的破裂，使得不少對新社會制度產生恐懼的地主及商人，和失去工作機會的勞動力人口，紛紛移居香港。香港一夜之間人口大幅增加。二戰結束時，香港人口約為 50 萬，到了 1950 年，香港人口大幅增加至 220 萬。[9] 不少從內地移遷香港的居民最初只能居住在山邊的木屋，後來因 1953 年石硤尾木屋大火發生後，才搬進徙置大廈棲身。這些住民除了依賴政府的支援及宗教團體的照料外，籍貫式自願團體的存在，對他們在社區內安定生活有著重要的意義。

7　黎志添：《廣東地方道教研究：道觀、道士及科儀》（香港：香港中文大學出版社，2007），頁 295。
8　〈查禁中元節之盂蘭會〉，《申報》，1930 年 7 月 9 日，頁 16。
9　冼玉儀：〈社會組織與社會轉變〉，收入王賡武編：《香港史新編（增訂版）》（香港：三聯書店，2017），上冊，頁 212。

何柄棣教授（1917–2012）指出：「我國傳統的籍貫觀念，在舉世文明人種中確是一個特殊的觀念。這種觀念是由於兩千年來禮教文化、方言和特殊行政法規與制度長期交互影響之下，逐漸培養而成的。」[10] 由於籍貫觀念在中國社會發揮的作用極為強烈，會館及相關的同鄉會組織，成為了人們從鄉村轉到城市生活時的歸屬場所。19 世紀以來，人們對外遷移至各大洲居住，會館成為支持華人移民的重要空間，有些地方會按工商行業、宗教信仰以及籍貫關係等組成各式各樣的組織。與其他國族不同，中國籍貫組織的作用極為重要，移民在任何離散空間，都通過籍貫組織適應異地生活。二戰結束後，大量來自華南一帶的移民遷居香港各區，其中又以潮州籍貫的人士佔多數，[11] 香港各區紛紛組成不同的社團凝聚同鄉。研究同鄉的社會組織、政治參與，是戰後香港甚至是全亞洲人類學及社會學對於華人社會的重要研究議題。特別是當時只有香港仍然保留著各種民間習俗，容許學者們可以藉香港作為認識中國社會的切入點。

不少社會學家就都市化的過程，研究新移民如何參與這些被稱為「同鄉組織」的自願社團（Voluntary Association），以適應急促的都市社會環境變化。正如 Russell Lee 指出，由社團的研究切入，可以了

---

10 何炳棣：《中國會館史論》（臺北：臺灣學生書局，1966），頁 1。

11 早於戰前，潮籍人士就投入南北貨的仲介工作，不少潮籍工人居於西環與中上環一帶。戰後，大約有數以十萬計的潮籍人士移居香港，社會上一般稱他們為「新潮僑」。詳參田仲一成：〈二十世紀香港潮幫祭祀活動回顧 —— 遺存的潮州文化〉，《饒宗頤國學院院刊》，創刊號（2014 年 4 月），頁 397–404。關於潮籍工人在香港戰前轉口港經濟下的社會記憶，詳參陳蒨：《潮籍盂蘭勝會》，頁 183–187。

解華人移民的社會組織與其在城市的形態。[12] 此外，謝劍在討論香港的客家自願團體時，留意到自願社團的作用，不限於協助成員適應都市生活，更重要的是社團在社會、經濟、政治、宗教、教育及文化等方面的功能，都有助成員維繫其獨特的客家文化。[13] 早期的華人自願社團研究，都由社會學角度切入，了解社會組織的形成或是鄉間移民適應都市的問題，也探討自願社團怎樣繼承原鄉傳統文化的功能。隨著文化保育的概念及文化遺產研究日漸普及，社會對非物質文化遺產有著熱烈的討論，這些原來附屬於自願社團的文化習俗讓我們理解習俗如何強化成員的團結心態及凝聚力。本章將探討節慶文化與風俗，如何使流離他地的社群藉此獲得地方認同及社群認同，更重要的是他們與嶺南原鄉之間的關聯。同時，本章亦希望探析嶺南的人力和資源如何在香港非遺傳承工作中扮演重要角色。

二、嶺南難民的神祇 —— 黃大仙

竹園黃大仙祠收藏的〈赤松子自述〉指，黃大仙原名黃初平，是晉朝時浙江金華一帶的牧羊童。15 歲時，黃初平遇上仙翁指導，潛修 40 年。一天，其兄長終於找回他，問當初請他牧的羊在何處。然後，初平對著石頭一呼，那些所牧的羊重現在兄長面前，可見初平信守承諾，沒有遺失羊群。此乃著名的「叱石成羊」傳說。這段自述實際上也出現在

---

12 Russell D. Lee, "Patterns of Community Power Tradition and Social Change in America Chinatowns," in *Ethnic Conflicts and Power: A Cross-National Perspective*, eds. Donald E. Gelfand and Russell D. Lee (New York: John Wiley and Son, 1973), p. 348.

13 謝劍：〈自願社團與文化持續 —— 香港惠州客家社團的個案研究〉，《中央研究院歷史語言研究所集刊》，第 51 本，第 1 分期（1980 年 3 月），頁 143。

東晉時期道教重要代表「抱朴子」葛洪（283–343）所編的《神仙傳》，內容有所互證。另一方面，宋朝以來，有傳嶺南羅浮山一帶有一位名為「黃野人」的神仙，[14] 據蘇軾（1037–1101）敘述，地方傳說指這人是葛洪的弟子。明末清初屈大均編《廣東新語》則記載了黃野人煉丹，丹藥可使人延年益壽。[15]

文史學者們考證及整理浙江金華到嶺南現存的「黃大仙」文獻資料，大多認為現時香港的黃大仙信俗，融合了浙江金華的赤松子黃初平升仙和嶺南羅浮山黃野人贈醫施藥的故事，形成了嶺南獨有的文化信俗。[16] 1897 年，一位熱愛扶乩的西樵山賣藥商人梁仁庵（1861–1921），稱得黃大仙指導普世勸善而修道，梁自此奉黃大仙為仙師，成為道侶。翌年，他在廣州芳村建立了第一座祠觀。及後，他得到黃大仙乩示認為廣州不宜長居，故於 1901 年返回西樵山成立「普慶壇」。辛亥革命後，黃大仙再次啟示此地不宜居留，必須向南遷移。梁道長連同兒子梁鈞轉（1896–1971），攜同大仙畫像，前往香港發展，開始於灣仔從事藥材買賣生意，並以黃大仙的乩文來執藥。[17]

1921 年，梁氏父子獲得富商善信的資助，在九龍竹園附近按大仙的指示建黃大仙祠。這些資助建祠的善信都是虔誠的香港黃大仙新信

14　Lars Ragvald and Graeme Lang, "Confused Gods: Huang Daxian (Wong Tai Sin) and Huang Yeren at Mt. Luofu," *Journal of the Hong Kong Branch of the Royal Asiatic Society*, vol. 27 (1987), pp. 74–92.

15　屈大均：《廣東新語》，卷 28，〈怪語・黃野人〉，頁 729–730。

16　閻江：〈嶺南黃大仙溯源考 ——從黃野人到黃大仙〉，《嶺南文史》，2007 年第 1 期，頁 44–54。

17　梁景文、羅思著，黃大德譯：〈攀上社會階梯的難民神祇：香港黃大仙〉，收入陳慎慶編：《諸神嘉年華：香港宗教研究》（香港：牛津大學出版社，2002），頁 272–276。

圖表 22　黃大仙祠飛鸞臺——扶乩的神壇

眾。[18] 當時，竹園是郊外之地，但很多人樂意來到這裏拜黃大仙。其中
一個原因是黃大仙祠附設醫藥局贈醫施藥，貧苦大眾因此受惠。

　　據 1927 年 7 月的報章報道：「九龍嗇色園醫院，開辦多年，近日經
濟拮据，幾於停辦，乃另選總理何華生、協理梁子彬，出至維持，經由
何等勸捐數千元，始能繼續辦理⋯⋯ 查該醫院僻處九龍，該處貧病之
人不少⋯⋯ 日診六七十病，贈醫兼施藥，近地貧民頗稱方便云⋯⋯」[19]
以上說明嗇色園贈醫施藥，方便附近有困難的市民。當時黃大仙祠的壇
號為「普宜」，而在黃大仙於 1933 年乩示的《普宜壇壇規十七條》，[20]
規定信眾必須要施藥費銀 50 元、壇銀 50 元、年銀 60 元。[21] 可見，黃大
仙祠成立之初，已重視入道會員需要從善。這種背景對於往後香港新移

18　梁景文、羅思著，黃大德譯：〈攀上社會階梯的難民神祇〉，頁 275。
19　〈繼續辦理　色園醫院〉，《香港工商日報》，1927 年 7 月 25 日，頁 14。
20　《善道同行 ── 嗇色園黃大仙祠百載道情》編輯委員會：《善道同行 ── 嗇色園黃大仙
　　祠百載道情》（香港：中華書局，2021），頁 46。
21　陳晨：〈香港黃大仙信仰的傳入及早期發展（1915–1941）── 以嗇色園為中心〉，《宗教
　　與民族》，第 10 輯（2016 年 4 月），頁 311–313。

民重視黃大仙信俗有密切關係。

　　黃大仙祠官方年記十分重視黃大仙於第二次世界大戰時的事跡。嗇色園網站有以下介紹：「**嗇色園道長多次代表竹園居民與日軍周旋。而黃大仙師亦多次大顯威靈，庇佑難民……**」[22] 據專門研究黃大仙信仰的社會學家梁景文（Graeme Lang）和羅思（Lars Regvald）發現，黃大仙得以聞名於世，與二次大戰期間黃大仙祠絲毫無損有關。戰爭期間梁鈞轉道長曾與日軍交涉，黃大仙祠得以無損。故與日軍相關的黃大仙顯靈傳說，深深刻印在村民的印象中，相信黃大仙擁有抵抗日軍的力量。[23] 在祠內的抗日記憶中，祠內五行屬火的建築「盂香亭」，曾經歷一件靈應事跡。某天，日軍突然搜查員工證件，有員工逃遁及未有帶備證件，惶恐受責之際，盂香亭突然有紅光閃出，日軍十分驚異，立刻放棄追查，時人都相信是黃大仙顯靈。[24] 以上種種，令民間對黃大仙的「抗日神力」留下深刻印象。筆者在 2023 年 2 月參與嗇色園道長帶領的黃大仙祠導賞團，道長們都十分強調這些故事在祠內的意義，在介紹不同建築時，都引用相關的故事來強化建築物的文化價值，可見戰時記憶有助強化及肯定黃大仙在道侶和大眾心中的地位。

　　戰後大批從內地各省（特別是廣東）因內戰等因素遷移到香港的難民，散居在新九龍（即今天界限街以北，獅子山及飛鵝山以南一帶）的

22　〈機構歷史〉，嗇色園網站，https://www2.siksikyuen.org.hk/zh-HK/aboutssy/history，瀏覽日期：2023 年 3 月 9 日。

23　梁景文、羅思著，黃大德譯：〈攀上社會階梯的難民神祇〉，頁 278–279。

24　李耀輝：〈「盂香亭」的宗教特色〉，《東周刊》，2020 年 4 月 14 日，https://eastweek.my-magazine.me/main/95437，瀏覽日期：2023 年 3 月 11 日。

木屋區。[25] 這些新移民也在舊村民的傳誦下，被這種集體的認同感所感動，放棄原來在國內的信仰，改信黃大仙作為心靈寄託。最初，黃大仙祠因應《華人廟宇條例》的限制，對外宣稱「本園乃同人修養之所，非為利公眾參神而設」。[26] 於是，不少人在園外自行參拜，引來報章的報道。[27] 及後，善信之多，促使嗇色園有限度地開放，讓其參拜。[28] 當時的「廟宇地攤經濟」非常熱鬧，祠前有占卜、解籤、香燭、紮作、紙料、玩具等攤檔，[29] 可見，戰後不少香港居民都成為了黃大仙的信眾。

1956 年，政府有意徵收黃大仙祠的土地，拓展竹園及黃大仙徙置區。此時，嗇色園管理層改組，改由東華三院黃允畋（1920-1997）擔任首總理。[30] 其時的黃大仙祠不但面對華人廟宇委員會的註冊限制，而且面對政府收地威脅；新總理黃允畋利用了其雙重身分，改變了嗇色園和黃大仙祠的命運。[31] 改革後，黃大仙祠改為對外開放，並收取入場費一毫。該費用將用於東華三院的慈善與教育工作。慈善事業的恒常化，轉化了大眾對黃大仙的認知，即由宗教信仰轉化為慈善團體。最終，政府亦確認了黃大仙祠的慈善運作，[32] 由東華三院管理，[33] 避免了被

25 E. G. Pryor, "The Squatters of Hong Kong," *Royal Australian Planning Institute Journal*, vol. 4, no. 3 (1966), pp. 61–64.
26 〈九龍城黃大仙廟　關閉園門謝絕遊客　不願清淨之地化為擠擁之場　一般婦女改在廟旁田野參拜〉，《華僑日報》，1950 年 3 月 13 日，頁 5。
27 〈黃大仙的迷人〉，《工商晚報》，1950 年 3 月 25 日，頁 3。
28 〈黃大仙祠恢復開放〉，《華僑日報》，1950 年 3 月 28 日，頁 5。
29 〈黃大仙祠　萬頭攢動〉，《華僑日報》，1955 年 1 月 27 日，頁 7。
30 〈嗇色園慈善社　新舊總理交接〉，《華僑日報》，1956 年 2 月 2 日，頁 6。
31 〈嗇色園黃大仙　昨起開始任人參拜　收費一毫充辦義學〉，《香港工商日報》，1956 年 9 月 26 日，頁 6。
32 〈嗇色園開放　善信遊園捐款一角　全部撥充三院辦學〉，《華僑日報》，1956 年 9 月 26 日，頁 6。
33 〈嗇色園黃大仙廟　東華醫院接管〉，《華僑日報》，1956 年 11 月 10 日，頁 9。

清拆的危機。

　　黃允畋從 1950 至 1980 年代，一直代表嗇色園對外宣揚重要的信息，強調濟善精神。[34] 每當本地或世界各地發生災害，便會挺身而出響應救災。[35] 醫療、[36] 教育、[37] 安老服務等，[38] 都是嗇色園的重點福利服務，無形中使不少人的生活與黃大仙連結起來。

　　後來，寮屋居民隨著政府的房屋政策改變，生活水平急速變化，加上香港經濟起飛，便將生活上的改善歸功於黃大仙，黃大仙成為了大眾擁護的神明。1975 年，因石油危機，香港經濟曾一度變得不景氣，新聞報道提到特別多善男信女入廟祈求神明指點迷津。[39] 可想而知，不論是人生的高低起跌，善信都依賴著黃大仙。

　　隨著香港的現代化轉變，黃大仙祠漸漸脫離了道教的一些傳統，如煉丹、扶乩等。此外，黃大仙雖然被視為道教神明，但是嗇色園設祠以來一直強調黃大仙祠是重視儒釋道三教合流的祠廟，希望使不同背景

34 〈嗇色園新舊總理　舉行交接典禮　黃允畋正總理報告　一年普濟勸善工作〉，《華僑日報》，1957 年 1 月 19 日，頁 7。

35 〈黃大仙嗇色園　捐款萬元賑災〉，《華僑日報》，1976 年 2 月 6 日，頁 13。

36 〈嗇色園今日　恢復長期贈醫〉，《華僑日報》，1957 年 2 月 8 日，頁 10。

37 〈嗇色園一毫助學　遊人年逾九十萬　三院義學賴以挹注〉，《華僑日報》，1959 年 9 月 24 日，頁 9；〈嗇色園黃大仙祠　籌建中小學校〉，《華僑日報》，1964 年 9 月 30 日，頁 15；〈嗇色園主辦　可立中學　奠基典禮　華民政務司麥道軻主持〉，《香港工商日報》，1966 年 10 月 8 日，頁 6。

38 〈嗇色園現正籌辦三間護理安老院　義工接受訓練照顧老人〉，《華僑日報》，1987 年 11 月 6 日，頁 10；〈董事會主席黃允畋透露　嗇色園開辦老人宿舍　興學贈醫施藥等服務不斷發展〉，《大公報》，1983 年 10 月 1 日，頁 7。

39 〈經濟不景誠心拜蒼天　嗇色園黃大仙廟中　新春善信參神擠擁〉，《工商晚報》，1975 年 2 月 13 日，頁 2。

的善信可共同修道，支持善舉，故黃大仙能夠有較廣闊的信眾群。戰後，黃大仙祠通過與東華三院的合作，更進一步世俗化，透過著重慈善事業、推動教育以及維繫傳統中國文化等的工作，使黃大仙更加深入民心，促使這位神明無論在信仰還是社會實踐上，都真的為香港普羅大眾做到「有求必應」。自此，與其他道觀廟宇不同，黃大仙有更為普及的認知及更廣闊的信眾群。戰後香港居民大部分都經歷過戰亂，需要尋求心靈、生活上的安定，黃大仙祠提供的支持，變相就像陪伴著廣大市民一同經歷成長。

1995 年，廣州芳村的黃大仙祠復修，同時也成為廣州最早一批恢復道教活動場所的道觀。現時廣州芳村黃大仙祠的設計模式與香港竹園黃大仙祠相似，而祠方也特別強調：「民國初年黃大仙信仰傳播至香港以及海外，抗日戰爭時期黃大仙祠被毀。上世紀末國家落實宗教政策，黃大仙祠得以恢復重建⋯⋯」[40] 此處正暗示黃大仙祠幸因早年在香港及海外傳播，現才得以回歸嶺南，於芳村重建祠廟。

陳蒨與梁景文合著的研究文章，訪問了加拿大置地有限公司的葉樹林，探討他如何以商業運動的形式與廣州政府合作，推動芳村黃大仙祠的復建工作。[41] 葉樹林是香港商人，曾於加拿大發展旅遊景區工作，其公司後來負責投資和設計芳村黃大仙祠的重建工作。無論是財政還是

40　這是筆者 2023 年 4 月 16 日於芳村考察時，留意到黃大仙祠重修募緣公告資料而得到的官方信息。

41　Selina Ching Chan and Graeme Lang, "Temples as Enterprises," in *Religion in Contemporary China: Revitalization and Innovation*, ed. Adam Yuet Chau (London: Routledge, 2011), pp. 133–153.

精神層面上，昔日從嶺南各鄉間出走到香港的百姓或商家，隨著中國改革開放的大門打開，都成為讓黃大仙祠回歸原址的重要因素，可見黃大仙信俗在嶺南與香港之間的連繫。

黃大仙信俗如今為香港第二批國家級非物質文化遺產代表性項目，[42] 其中官方強調「信仰奉行儒釋道三教同尊，匯合多方信眾，體現移民社會的共融」。[43] 由此可見，香港作為移民社會，黃大仙信仰給予不同背景的大眾精神上的憑藉。不像其他民間信仰，黃大仙信仰獨特的地域性限制，反而成為嶺南與香港之間連繫的紐帶；象徵華南的精神民俗從嶺南遷移到香港，是不少在港嶺南人的精神憑藉所繫之處。

三、潮籍盂蘭勝會

中秋節大坑舞火龍、長洲太平清醮和大澳端午龍舟遊涌等第一批獲選為國家級非遺名錄的香港非遺項目，都是扎根在特定的地域，與地域內的社群共生的非物質文化遺產。然而，與這三個項目一同成功申報的，還有潮籍盂蘭勝會，它並沒有具體的地區關聯。潮籍盂蘭勝會在香港近代社會及文化史中反映的不只是一個國家級非遺項目，它更反映了移民社群在香港文化傳承的故事，也呈現了嶺南原鄉民俗文化如何糅合在地的元素，[44] 轉化為南來社群在香港建立認同感的憑藉。

---

42 〈香港四個項目成功列入國家級非物質文化遺產代表性項目名錄〉，《香港政府新聞公報》，2014 年 12 月 5 日，https://www.info.gov.hk/gia/general/201412/05/P201412050831.htm，瀏覽日期：2023 年 3 月 4 日。

43 〈黃大仙誕〉，香港非物質文化遺產資料庫網站，https://www.hkichdb.gov.hk/zht/item.html?d3094481-8443-48a1-93e1-92aed3e4ce2f，瀏覽日期：2023 年 3 月 28 日。

44 陳蒨：《潮籍盂蘭勝會》，頁 13–14。

根據陳蒨的研究指出，目前有歷史可考的潮籍盂蘭勝會，是由一群碼頭搬運工人發起的。1898 年，香港已有「潮州公和堂盂蘭勝會」；香港各區的盂蘭勝會則在戰後開始，如「渣甸坊東邊街街坊盂蘭勝會」。盂蘭勝會的興起與人口遷徙有密切關係。[45] 戰前的舊潮僑依靠從事南北行貿易的潮籍商人生活，[46] 大部分碼頭搬運工人都是獨身男子，死後不像一般新界宗族有家族後人拜祭，大多被視為孤魂野鬼。於是，來自同鄉的夥伴，藉盂蘭勝會來慰解這些「好兄弟」。[47] 時至今天，「好兄弟」一詞，仍然在潮州組織裏被經常提及。[48]

早年的潮僑在中上環等轉口港商業社區生活，舉辦盂蘭勝會的組織亦隨著這些碼頭搬運工人的加入，形成了一定的潮籍人口。田仲一成利用保良局每年的會計徵信錄作探析，發現南北行、米行、茶行等捐款金額不少。[49] 而這些公司背後的資金來源，就是來自潮籍商人。另外，田仲一成引用的資料裏，亦顯示不少盂蘭會曾捐款給保良局，如石塘咀、西環一帶荷蘭街、厚和街、士美菲路等盂蘭會，從 1906 至 1940 年期間曾捐款給保良局。這些捐款反映當時的潮屬盂蘭會已發展得相當成熟，財政健全，甚有餘力，故回饋社會。田仲一成指，這些都是潮幫

45 陳蒨：《潮籍盂蘭勝會》，頁 34。
46 如 1850 年高元盛創立的「元發行」和 1851 年陳煥發創立的「乾泰隆」，都是當時上環著名的潮商，二人都是由泰國經香港轉運大米至中國其他城市的米商。關於此，詳參蔡志祥：〈親屬關係與商業：潮汕家族企業中的父系親屬和姻親〉，《韓山師範學院學報》，第 30 卷，第 2 期（2009 年 4 月），頁 15–25。
47 呂永昇利用政府檔案處收藏的口述訪問，留意到海陸豐居民如何在寮屋區自發開始舉辦盂蘭勝會。呂永昇：〈香港潮僑盂蘭勝會的「申遺」與潮屬社群的重建〉，《民俗曲藝》，第 201 期（2018 年 9 月），頁 72–75。
48 陳蒨：《潮籍盂蘭勝會》，頁 129–130。
49 田仲一成：〈二十世紀香港潮幫祭祀活動回顧〉，頁 399–404。

南北行的核心地區，[50] 反映潮幫在 20 世紀初透過舉辦盂蘭勝會來建立自己的社群及網絡。由此可見，盂蘭勝會在戰前已成為潮屬人士在港彼此聯繫的活動，亦說明盂蘭勝會對他們社群的重要性。受傳統家族觀念影響，華人認為人死後需要有家人及後人拜祭，可是早期大部分潮籍在港人士都是單身的勞動人口，他們死後無人拜祭。一些同鄉兄弟有感需要把這些無後人的同鄉兄弟視作自己的家屬，故積極舉辦盂蘭勝會，拜祭這些離世的好兄弟。因此，潮籍人士一直強調盂蘭勝會不只是一個照顧無祀孤魂的習俗，也是祭祀祖先的活動，並且其凝聚社群的意義在戰後變得更為舉足輕重。

田仲一成稱戰前來港居於上環與西環一帶的潮幫為舊潮僑；另稱戰後大批來港定居的潮州難民為新潮僑。新潮僑分散居於不同的徙置社區，特別是以新九龍山脈一帶的山邊社區為主，即秀茂坪、荃灣、黃大仙等區域。[51] 這些區域後來也是不少街坊盂蘭會組成的地區。呂永昇認為這些新潮僑受到粵語群體的排斥，難以融入主流社會。於是，這批移民在社區裏組織或參與「方言群體」盂蘭會，成為了他們擴闊社會網絡的重要手段。[52]

盂蘭勝會在香港並不是固定的節慶儀式，其發展與香港的人口結構有關。陳蒨指出了一個有趣的發現，香港政府公佈的 2014 年非遺清單，其中所列舉的盂蘭勝會名單，與她在 2012 至 2014 年的研究有所出

50　田仲一成：〈二十世紀香港潮幫祭祀活動回顧〉，頁 407–412。
51　田仲一成：〈二十世紀香港潮幫祭祀活動回顧〉，頁 404。
52　呂永昇：〈香港潮僑盂蘭勝會的「申遺」與潮屬社群的重建〉，頁 71–72。

入。[53] 她認為，大眾對盂蘭會的理解有所不同，有些會被重複計算或被排除為非潮屬盂蘭會。而事實上，一些盂蘭會如上水虎地坳，地域性較模糊，無法直接判斷是潮屬或是本地。[54] 由此可見，盂蘭勝會有著流動性強與非固定性的特徵。不過，本章並非爭議盂蘭會的研究成果，而是藉著過往陳蒨、呂永昇人等的研究作進一步分析，觀察盂蘭勝會如何成為潮籍人士在香港這個流散空間，建立社群歸屬感的憑藉。

潮籍人士因經濟及政治原因從鄉間遷往都市後，並未能成功融入主流社會。[55] 盂蘭勝會成為了他們適應新生活的重要手段。據田仲一成的分析，潮州當地的道教風俗因明清以後佛教盛行而日漸衰落。[56] 香港潮州社群的盂蘭勝會也因此繼承了佛教儀式，這樣的儀式安排，相信也是希望將在港潮州社群與原鄉的距離拉近，人們感受到在港生活與在潮州生活的差距不大，能藉參與盂蘭勝會獲得社群的歸屬感。

盂蘭勝會的舉行，原先是地區上個別潮籍人士自發的小型路祭或燒街衣等活動，但隨著吸納了新的會員，不少盂蘭會規模日漸擴大，最終演變為各區的盂蘭節節慶活動，且成立完整的盂蘭會組織。透過搭建神棚、邀請喃嘸或法師、籌辦神功戲等，都可使地方社群成員獲得更具體的歸屬認同。即使是小型的盂蘭勝會，像屋邨某座的盂蘭組織，都能

---

53 陳蒨：《潮籍盂蘭勝會》，頁 16–17。
54 他們原先為潮人發起的盂蘭勝會，後來本地人佔多，祭品及儀式也以本地中元法會的形式主持。後來盂蘭勝會申遺成功，虎地坳也重新「潮州化」，把祭品與鬼王等文化符號改回潮州式。關於此，詳參呂永昇：〈香港潮僑盂蘭勝會的「申遺」與潮屬社群的重建〉，頁 88–89。
55 廖迪生認為故鄉的傳統有助鄉里在陌生的環境中互相扶持，詳參氏著：〈傳統、認同與資源〉，頁 210。
56 田仲一成：〈二十世紀香港潮幫祭祀活動回顧〉，頁 420。

夠因地緣關係，吸納一些住在同一大廈的潮籍人士，投入金錢或參與盂蘭會的實際營運。這些盂蘭勝會的籌辦過程使不同地方的潮屬人士關係進一步鞏固，獲得了團結社群與推動共同利益的成果，與香港其他地緣性同鄉會、會館等有相同的作用。[57]

四、汾陽郭氏的祭祖

每年農曆十二月十一日至十二日，各地的汾陽郭氏後人都會舉行祭祀儀式，紀念始祖郭子儀的誕辰。郭子儀乃平定安史之亂、使唐室轉危為機的名將。一支後人從中原地區遷至福建，後又從福建遷至潮州。二戰結束後，大量潮州郭氏後人來港落地生根，為了聚集，他們以「崇德堂」為堂號，共同籌備祭祖儀式，[58]並於 1962 年獲政府批准成立「香港郭汾陽崇德總會」。[59]資料所見，郭氏祖堂遷址數次，最初設於西環，[60]再先後搬遷到何文田、[61]東頭村、[62]鳳凰村等地，[63]直至 2002 年正式搬入九龍城沙埔道一商業大廈的自資物業中。[64]昔日郭氏祭祖，會在祖堂附近的空地或球場進行祭祀大典，以紀念郭子儀等祖先，族人會在當

---

57 呂永昇：〈香港潮僑盂蘭勝會的「申遺」與潮屬社群的重建〉，頁 75。
58 〈郭汾陽會定期 舉行祭祀大典〉，《香港工商日報》，1964 年 12 月 9 日，頁 6。
59 〈郭汾陽崇德總會 獲當局批准成立〉，《大公報》，1962 年 8 月 30 日，頁 5。
60 1962 年的臨時會所位於中環。詳參〈郭汾陽崇德總會 昨舉行成立儀式 將建祠購會所設義校〉，《大公報》，1962 年 11 月 5 日，頁 5。
61 郭振忠等編：《香港汾陽郭氏祭祖文化手冊》（香港：香港郭汾陽崇德總會，2017），頁 26。
62 1967 年報章報道，郭汾陽會的祖堂從何文田遷到東頭邨第 7、8 座地下。詳參〈郭汾陽崇德總會 下月舉行祭祖〉，《香港工商日報》，1967 年 12 月 28 日，頁 4。
63 1969 年報章報道，指郭汾陽會的祖堂位於鳳凰村。參〈郭汾陽崇德總會 選出第四屆新員〉，《華僑日報》，1969 年 1 月 3 日，頁 10。
64 〈郭氏宗族冀新一代接棒 傳承祭祖大典 習俗列香港非遺 舊區重建祖堂瀕臨遷拆〉，《文匯報》，2021 年 7 月 21 日，頁 A21。

日不同時間到場拜祭。大典歷時兩天，兩天晚上都會邀請潮劇團表演潮劇助興，同時大排筵席作族內聯誼或敬老聯歡聚餐。[65]

2020 年的祭祖儀式，他們稱為 70 周年慶典。[66] 由此推算，他們自 1950 年起，已在香港舉行郭氏祭祖儀式。時間上，新界的宗族一般在春分和秋分舉行祭祖，而汾陽郭氏則以郭子儀誕辰為祭祖之日子。現時，他們的祖堂內仍然供奉著始祖郭子儀及潮州一世祖至三世祖共七個祖先牌位。只要是來自潮州，居於各地的郭氏成員，都可加入郭汾陽崇德總會，成為宗親組織的成員並參與祭祖儀式，展現社群的凝聚力。[67]

根據其 70 周年紀念特刊，他們強調在港的祭祖大典是按照古代傳統的禮儀舉行，包括「少牢之禮」。郭子儀在唐代被封汾陽郡王，潮州開基祖又為宋朝按察司，郭氏視自己為功臣官宦之後，故祭祖採用諸侯之禮。《禮記》指：「大夫之祭，牲羊，曰少牢。」族人為凸顯郭氏士大夫後人的身分，祭祖大典強調採用生羊與生豬進行儀式。[68] 他們刻意表明自己對傳統的重視，藉此來強化族人對活動的投入及認同。同時，為表述族人對祭祖的重視及對傳統的堅持，他們會使用潮州話進行祭祀，[69] 又會在會場使用潮繡、潮州特色祭品（如糖塔、發粿等）和金漆

---

65 〈郭汾陽崇德總會 下月舉行祭祖〉，《香港工商日報》，1967 年 12 月 28 日，頁 4。

66 〈「城市中的祖堂」祭祖傳承遇挑戰 唐朝郭子儀後裔 70 年第 6 次遷移〉，《經濟日報》，2021 年 6 月 8 日，頁 A10。

67 1969 年，一位郭氏宗親因工業意外去世，郭汾陽崇德總會派人慰問家屬，並代為照顧其鄉間父母、給予其遺孀金錢援助。詳參〈郭汾陽宗會首長 慰問郭炳根遺孤〉，《華僑日報》，1969 年 11 月 18 日，頁 11。

68 《禮記‧王制》曰：「天子社稷皆大牢，諸侯社稷皆少牢。」見鄭玄注：《禮記正義》，卷 4，〈王制〉，頁 1337。

69 〈視潮州話瑰寶 聯繫同鄉重要元素〉，《香港經濟日報》，2021 年 6 月 8 日，頁 A10。

木雕等作為祭祖時的現場設置，[70] 展示潮州社群的特徵。

　　《香港汾陽郭氏祭祖文化手冊》裏指：「當時一呼百應，眾志成城，一群離鄉別井的郭氏子孫，希望能在香港互相照應，繼續拜祖，團結族人。」[71] 郭氏因定期祭祖，成功促進族內的團結。同時，他們在中國改革開放後，順利與內地汾陽郭氏取得聯繫，推動移民社群與原鄉社群之間的互動，對原鄉的社會及經濟發展作出貢獻。

五、香港非物質文化遺產的「背靠嶺南」

　　現時香港不少非遺項目，協助嶺南把民俗文化及傳統保存下來。但是不少儀式都因都市化而有所改變，特別是物料的使用與人才的發掘，都使非遺的傳承人面對不少困擾。於是，「背靠嶺南」成為了不少在港的非遺傳承人解決問題的最佳手法。

　　1930 年代的香港報章已報道中秋節大坑舞火龍的活動情況。[72] 同樣，在嶺南各地的客家區域，如英德、曲江等客家村落，都有舞火龍的傳統；[73] 廣東南海有相近的傳統；[74] 遠至安徽亦有相近的舞火龍習慣。[75] 如果把各地的舞火龍歷史脈絡作一對比，顯然可見，香港薄扶林及大坑

70　郭振忠、郭振城、郭秀欣編：《香港郭汾陽崇德總會祭祖七十周年紀念特刊》（香港：香港郭汾陽崇德總會，2020），頁 75。
71　郭振忠等編：《香港汾陽郭氏祭祖文化手冊》，頁 19。
72　〈大坑村今晚大舞火龍〉，《工商晚報》，1932 年 9 月 14 日，頁 4。
73　〈舞火龍驅蝗之怪舉動〉，《工商晚報》，1933 年 5 月 22 日，頁 2。
74　〈禁舞火龍求雨〉，《香港華字日報》，1937 年 11 月 17 日，頁 6。
75　〈績溪中秋節遊火龍的風俗〉，《民眾周刊》，第 43 期（1925 年 8 月 25 日），頁 6。

的舞火龍其實都是從嶺南各地延續過來，儀式和習俗上有所繼承。而且，資源方面，薄扶林村火龍會總監蕭昆崙受訪時提到，現時紮火龍的珍珠草大多都從廣東惠州一帶取得，若周邊地區無法提供相關的天然資源來製作火龍，這些傳統慶典便將面臨傳承困難或失傳。

長洲太平清醮，由海陸豐道士主持醮會，除了舉行宗教儀式，其中搶包山與飄色是醮會裏最關鍵及最著名的世俗活動。不過，飄色習俗最初並非打醮活動之一。據長洲惠潮府的分享，長洲飄色的出現，是因為有鄉人在佛山一帶欣賞過飄色，認為頗適合長洲打醮期間巡遊之用而引入。據各種研究顯示，[76] 昔日長洲太平清醮是島內各惠州、潮州或本地團體競逐社會影響力的活動，飄色製作是各街坊各族群互相競爭的方法。現時廣東五華、平遠和南雄等地亦有飄色的習俗，其中中山岩口飄色、臺山浮石飄色、廣州沙灣飄色都被列入國家級非物質文化遺產名錄。沙灣飄色本身正是從沙灣北帝誕衍生而成，長洲太平清醮主神也是北帝，故彼此有文化上的聯繫。同時，長洲飄色技術上的學習，從口述資料中發現是受佛山和沙灣等地的飄色所影響，反映 20 世紀初或更早以前，廣府與香港之間有緊密聯繫，使得風俗也容易傳播到偏遠小島上。[77]

---

76 這方面的研究，可參考馬木池：《殖民管治下的傳統節慶：長洲太平清醮的流變》（香港：非物質文化遺產辦事處，2022）；Chi-cheung Choi, "Reinforcing Ethnicity: The Jiao Festival in Cheung Chau," in *Down to Earth: The Territorial Bond in South China*, eds. David Faure and Helen F. Siu (Stanford: Stanford University Press, 1995), pp. 104–122。

77 長洲北帝廟有一大鐘，刻銘裏提到，番禺縣沙灣司的黃開勝曾虔具一鐘，供奉在長洲帝廟。詳參科大衛、陸鴻基、吳倫霓霞編：《香港碑銘彙編》，冊 3，頁 677。

潮劇神功戲，是潮籍盂蘭勝會在香港最重要的習俗部分。2020 年以前，香港所有潮劇神功戲演員，均是來自中國內地的專業演員。每年農曆七月，他們都會從內地來港助陣，為各區盂蘭勝會作神功戲表演。然而，2021 年新冠肺炎疫情期間，面對封關政策，香港市區唯一成功舉辦盂蘭勝會的旺角潮僑盂蘭勝會照舊籌備神功戲，卻沒有專業的潮劇演員助陣。這反映都市化下的非遺項目，不得不依靠嶺南各地的人力資源協助，才可以順利舉行。疫情把香港及華南地區短暫地割裂，也無情地威脅著香港非遺的傳承。幸好的是，一些在港的業餘演員為了使盂蘭勝會得以順利舉辦，義無反顧地參與或協助表演。

　　由於社會環境轉變及信仰問題，汾陽郭氏年輕一輩已甚少參與祭祖活動，正如 2021 年的報章報道，香港郭汾陽崇德總會理事長郭振忠表示，自己的年輕家族成員是基督教信徒，他們沒有興趣了解祭祖背後的文化，反映不少年輕人越來越少參與祭祖，也導致參與祖先出遊及祭祀儀式的人數大為減少。[78] 因此，他們現在經常積極回鄉尋求內地族人支援。郭氏內地族人對祭祖特別重視，認為這是一種榮譽，他們均願意參與，使得香港的祭祖大典能順利進行。[79] 由此可見，「背靠嶺南」是香港非遺項目得以順利完成的關鍵。

---

78 〈「城市中的祖堂」 祭祖傳承遇挑戰　唐朝郭子儀後裔　70 年第 6 次遷移〉，《經濟日報》，2021 年 6 月 8 日，頁 A10。

79 〈郭氏宗族冀新一代接棒 傳承祭祖大典 習俗列香港非遺 舊區重建祖堂瀕臨遷拆〉，《文匯報》，2021 年 7 月 21 日，頁 A21。

六、小結

以上的個案事例反映香港的非遺項目，繼承了嶺南各地的原鄉風俗，使這些團體成員在都市化的生活裏，得以與原鄉連繫，獲得精神上的依靠。而南來香港的嶺南風俗，亦因避開了不同形式的社會變革，以較為平靜的社會氣氛得到了保存傳統的根基。

社會變革無可避免地波及到當時屬於嶺南一帶的民間信仰的各種社會習俗的存留。大眾一直對現代化有所追求，自然認為急需把一些視為落後的民間信仰去除，忽略了習俗背後承載的社會及文化價值。於是，這些習俗經歷多年的社會變遷，在粵省各地只餘下一些散落四周的瑣碎記憶或以完全另一種形態再現於大眾面前。

相對於此，香港政局和社會較為穩定。香港政府對華人民俗活動只在行政條例上作限制及規管，但是對於風俗活動還是持相對寬容的態度。原來有不少嶺南民俗可能因民國以來的掃除迷信運動的影響而日漸消失；不過，由於香港社會的自由風氣及對民俗儀式的不干預，使得各種儀式得以延續，特別是涉及宗教及信仰的習俗，都有所傳承並能保持原來面貌。

總括而言，香港的都市化理應是一些傳統習俗日漸消失的原因，但是區域地緣政治的因素，反而使香港在二次世界大戰以後，成為傳承嶺南習俗與文化的關鍵空間；香港政府及社會對民俗活動的消極干預，令不少社群積極推動信仰及民間活動，使得今天的非遺清單相對豐富及多元。與此同時，這些非遺項目一方面展現香港都市化的轉變形

態，另一方面承繼嶺南各處的不同風俗，把傳統帶到現代；隨著香港非遺旅遊化與遺產化，這些傳統也將從鄉間走向國際。

本章作者

朱維理（英國布里斯托大學歷史系博士候選人）
羅樂然

第五章

香港就是嶺南？
非物質文化遺產與
保育旅遊營造的嶺南傳統

一、小引

　　英國社會學研究大師厄里（John Urry, 1946–2016）在 1990 年代開始研究旅遊社會學，提出「觀光客的凝視」的觀點：過往的遊客凝視理論，集中於遊客通過視覺感受旅遊地的日常生活和差異，如何作為「他者」去發現和解讀旅遊地，繼而展開各種消費活動。[1] 厄里指出，旅遊接待地會為了迎合觀光者的凝視，即觀光者的既有印象，重新詮釋和展現其文化與傳統。為了配合觀光客的凝視，各地政府均以一連串的社會建設、旅遊策略及對外宣傳，建立當地在世界旅客眼中的印象，如香港便有「東方之珠」、「購物天堂」、「動感之都」等的標籤。另外，文化遺產作為本地歷史和傳統文化的代表，也自然成為各地發展旅遊業的重要資源。不同的文化元素被挑選為宣傳品，展示獨特性以招徠旅客，各地政府也在「文化保育旅遊」的框架下，[2] 以非遺吸引旅客到指定地方參與「文化旅遊」，[3] 體驗在地文化，香港也不例外。

　　香港自上世紀的旅遊業宣傳，我們可以清晰看到，政府無論在設計旅遊宣傳物料，還是舉辦針對國際或本地旅客活動上，都積極利用非

1　John Urry, *The Tourist Gaze 3.0* (London: SAGE Publications, 2011).

2　本書的「保育旅遊」並非指以平衡商業利益和保育為目的的生態旅遊。文化保育旅遊是指文化旅遊（Cultural Tourism，解釋見本章注 3）的活動和政策，除經濟效益外，也致力於傳承文化予下一代。聯合國世界旅遊組織（UNWTO）頒佈的《全球旅遊倫理規範》（Framework Convention on Tourism Ethics）也提倡旅遊中的文化保育。見 World Tourism Organization, *Framework Convention on Tourism Ethics* (Madrid: UNWTO, 2020), p.15。

3　根據聯合國世界旅遊組織，文化旅遊（Cultural Tourism）是指旅客以學習、發現、體驗和消費物質或非物質文化景點為主要目的的旅遊活動。見 "Tourism and Culture," World Tourism Organization, https://www.unwto.org/tourism-and-culture, accessed Feb. 18, 2022。

遺作主題，宣傳策略上迎合了「觀光客的凝視」的需要，影響旅客和港人對香港傳統文化的認知。

二、香港旅遊推廣的歷史

早於 1935 年，政府官員和專家組成了一個探討香港貿易蕭條的委員會，其中一位委員表示：「香港是個優美的地方，但遺憾的是這裏沒有什麼可做的。」[4] 該委員會認為香港旅遊業是當時最有發展潛力的行業，但政府對外宣傳不足，故此有需要成立一個專責對外宣傳及發展香港旅遊業的機構，以及改善本地旅遊業的設施和服務，吸引更多旅客訪港。[5]

在委員會的建議下，香港政府於 1936 年成立香港旅行協會（Hong Kong Travel Association），希望在海外建立宣傳網絡，推廣香港作為旅遊地的吸引力。香港旅行協會成立後立即進行宣傳工作，先於同年出版《香港手冊：東方的海濱》（*Handbook in Hong Kong: The Riviera of the Orient*）旅客指南。此時，「東方的海濱」成為了香港旅行協會的宣傳策略。以下兩張海報，均由本地西班牙畫家 S. D. Panaiotaky 設計。[6] 圖表 23 描繪從九龍半島望向香港島北岸優美的城市建築，燈飾襯

4　*Report of the Commission appointed by His Excellency the Governor of Hong Kong to Enquire into the Causes and Effects of the Present Trade Depression in Hong Kong and Make Recommendations for the Amelioration of the Existing Position and for the Improvement of the Trade of the Colony* (abbr. *Report of The Causes and Effects of the Present Trade Depression in Hong Kong*) (Hong Kong: Government Printers, 1935), p. 106. 原文為：「Hong Kong is a lovely place, but what a pity there is so little to do.」

5　*Report of The Causes and Effects of the Present Trade Depression in Hong Kong*, p. 136.

6　據《南華早報》記載，他也曾協助九廣鐵路繪畫海報。詳參 "Local and General," *South China Morning Post*, Oct. 14, 1936, p. 2。

托維多利亞港的夜景，結合對岸九廣鐵路車站的鐘樓和海港內的中式木製帆船。這種帶有西歐東方主義色彩的海報是當時香港旅行協會的主要推廣物，以傳統和懷舊的東方木製帆船襯托現代繁榮、色彩斑爛的西式建築。海報以洋人聚居的港島為主題，華人聚居的九龍則只有尖沙咀火車站鐘樓。[7]

香港旅行協會製作的宣傳品，對象分為華人和歐美人士。華人市場的宣傳策略聚焦香港的海灘，[8] 吸引當時開始視游泳為時髦象徵的華人消費群。[9] 在歐美人士市場方面，香港旅行協會嘗試以香港作為「休閒假期目的地」來作招徠，故此在海報設計上有明確的階級意識，使歐美人士感到高人一等，有與別不同的待遇。圖表 24 顯示穿著整齊服裝的歐美旅客坐在轎子上，登上太平山頂，休閒地看著港島海岸的風景；為旅客抬轎的是兩位衣著簡陋，甚至沒有穿上鞋子的華人轎夫。這種階級分明的表述，就是告知歐美遊客這個「東方海濱」的美妙之處。

雖然無法知道旅客對宣傳海報的看法，但是海報可以反映當時香港旅行協會如何形塑「觀光客的凝視」，這對於我們理解政府如何解釋香港文化，有重要的意義。同樣地，這些旅遊宣傳品如何呈現香港各種非遺項目及當中所展現的嶺南文化，將有助我們了解香港與嶺南地域文化

7　亦可參考陳蓓：〈香江入畫 —— 香港名勝與實景山水畫〉，《故宮文物月刊》，第 449 期（2020 年 8 月），頁 54–67。

8　"Hong Kong Travel Association: Co-operation Invited to Help Scheme," *Hong Kong Daily Press*, Aug. 15, 1935, p. 8.

9　潘淑華的研究指出，西方游泳文化在中國的形成與發展，使游泳場成為一個政治場域，游泳成為實踐文化。其中，她指出經上海的印刷媒體傳播，游泳文化被民眾視為「摩登」文化的一部分，而政府也視游泳為「高尚娛樂」。關於此，詳參潘淑華：《閒暇、身體與政治 —— 近代中國游泳文化》（臺北：臺灣大學出版中心，2021）。

圖表 23 〈香港：東方的海濱〉（S. D. Panaiotaky, *Hong Kong: The Riviera of the Orient*）

圖表 24 〈請看香港 —— 東方的海濱〉（S. D. Panaiotaky, *See Hong Kong: The Riviera of the Orient*）

之間的關聯。因此，本章節將以 1957 年戰後成立的香港旅遊協會（Hong Kong Tourist Association，簡稱旅協）的宣傳方式及旅遊推廣文本作為主要研究對象，結合政府檔案，試圖了解二次大戰後的旅協如何為各種節慶儀式鋪上嶺南地域文化的意識，作為旅遊推廣的重要話語。

旅協的成立是作為戰後社會重建及安置大量無業難民而落實的經濟計劃一部分，希望發展旅遊業為香港的重要工業之一。由於戰後香港旅客與戰前一樣，主要來自歐洲、澳洲和美國，旅協沿用戰前香港旅行協會「東方的海濱」旅遊策略，設計出「東方就是香港」（The Orient is Hong Kong）的旅遊品牌，作為對外宣傳香港文化的口號。為了使西方旅客可以感受到神秘、異域及獨有的東方世界，旅協的宣傳品嘗試從香港各種物質與非物質文化生活中展現相關的「東方性」。

製作各種旅遊宣傳刊物發放到海外，是旅協的主要宣傳手段。根據旅協 1969 至 1970 年的年報，該會曾發放過萬份不同種類的刊物（圖表 25、圖表 26），主要針對全球各地的旅遊業協會和代理（約佔 70%）、各種運輸公司（以航空公司為主），亦有當地的一些雜誌、報紙傳媒。

超過一半旅協宣傳刊物發放到美國，其次是澳大利亞、加拿大、英國、紐西蘭等；亞洲國家則以日本和馬來西亞為主。故「東方就是香港」的宣傳口號，是為以美國為首的歐美遊客度身訂造。雖然旅協與戰前香港旅行協會的宣傳策略接近，但是其「東方性」主題不再帶有明顯的階級等級差異，取而代之的是被當局認為代表「東方」的文化符號，從而展示香港的旅遊特徵。

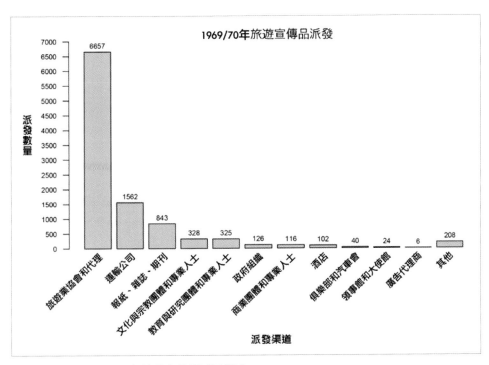

圖表 25　1969 至 1970 年旅協宣傳品派發渠道

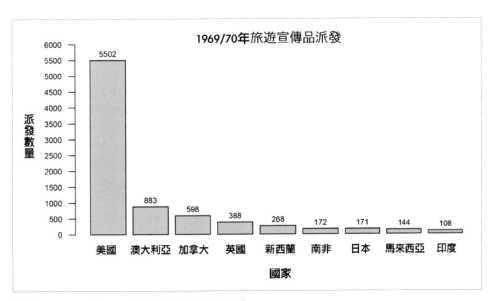

圖表 26　1969 至 1970 年旅協宣傳品派發國 [10]

10　圖表 25 和圖表 26 是研究團隊根據香港旅遊協會 1969 至 1970 年的年報資料製作。詳
　　參 Hong Kong Tourist Association, *Annual Report 1969-1970* (Hong Kong: Hong Kong
　　Tourist Association, 1971), p. 6。

三、旅協的嶺南色彩

旅協經常以木製帆船、人力車、佛塔和中式服飾作為海報主題，以展示香港的東方魅力。捷克畫家薩錫克（Miroslav Šašek, 1916–1980）、美籍華人畫家曾景文（Dong Kingman, 1911–2000），以及本地水墨畫家林鎮輝（1932–2013），都曾為旅協創作海報。有趣的是，這些海報雖圍繞不同主題，但當中為呈現香港形象所採用的元素都有若干共通點。例如曾景文於 1961 年為旅協繪畫了四幅海報，其中三幅以城市景觀為主題，包括中秋節在香港、中環樓梯街和尖沙咀火車站。除了繪畫華人聚集的日常生活面貌外，也包括人力車、木製帆船等「東方」特徵。另一幅是以鳥瞰形式繪畫新界、九龍、香港島各區值得探索的景點。其中新界的村落生活、香港仔的漁村生活以及沙田萬佛寺古塔等，都呈現了在「現代香港」感受「傳統東方」的意蘊。由此可見，「東方」不再是戰前一種傾向呈現文化差異和種族階級的刻意對比，反變成呈現異國風情、古雅和具歷史感的亞洲元素，表述了香港另一面的文化意象。

1958 年，旅協製作了一部名為《萬家燈火照港九》（*A Million Lights Shall Glow*）的宣傳影片。1961 年，美國旅遊業協會（American Society of Travel Agents）於康城舉辦旅遊國際大會，這部全長 19 分鐘的宣傳片贏得「最佳旅遊影片獎」。[11] 影片充滿視覺享受，介紹香港島、九龍和新界的各個旅遊景點、藝術品與節慶習俗，令遊客對香港的

11　旅協的宣傳品和一些當時的報道，都誤會該片段獲得了「康城電影節」獎項，但此活動與「康城電影節」並無關係。另參考〈本港旅遊會拍製七彩片「萬家燈火照港九」獲康城電影節首獎〉，《香港工商日報》，1961 年 10 月 29 日，頁 6。

各種風俗和旅遊地點有深入認識。影片分別介紹了淺水灣等地的海灘及水上活動，香港仔的漁港風情與龍舟比賽、商店裏的廣東木雕和民俗刺繡、新界的農民耕作、圍村的舞龍、粵劇等。這些植根於嶺南一帶的文化習俗，成為了旅協推廣香港「東方性」的重要元素。雖然這段宣傳影片沒有明文介紹這些事物是否從嶺南傳入香港，但它是當時旅客能夠接觸華南社會與文化的重要渠道。因此，「東方就是香港」不止是宣傳口號，甚至是一種當時少數歐美人士能接觸及理解「東方」的途徑。

其後，旅協推出一系列與《萬家燈火照港九》和上述主題一脈相承的宣傳海報，例如不只以古塔表述香港的東方性，也添加了不少華南民俗與藝術來說明「東方就是香港」。1967 至 1970 年推出的一系列「東方就是香港」的海報，利用東方女性的穿著（如旗袍或馬姐服飾），展示一種歐美期盼的東方世界印象，並利用女性造型的對比、群眾拜神的場面等，進一步鞏固遊客對東方的想像。例如，圖表 27 的長洲太平清醮主題海報，一般新界打醮會恭請大士王駕臨醮場，但是長洲的太平清醮則會恭請山神、土地及城隍爺。此海報所展示的是土地和城隍爺的紙紮神像，前方是一些參與打醮的信眾，使遊客對這個神秘的節日產生更多的興趣。

1970 年代起，旅協採用更多照片取代繪畫作為宣傳。這些照片的共通點為多以女性為主角，及與香港華人日常生活、習俗與飲食習慣有關。其中東方女性求神問卜的形象，都是展示香港華人生活點滴的流行手法。

圖表 27　長洲太平清醮主題旅
　　　　遊海報

圖表 28　在觀音神像前穿著傳
　　　　統中國服飾的小孩
　　　　（旅協宣傳海報）

圖表 29　展示東方女性形象的旅遊海報

圖表 30　以女性求籤問卜為題材的宣傳文

除了以繪畫及實景呈現東方民俗外，旅協亦嘗試用工藝品呈現「東方就是香港」。1969 年，旅協出版《來自東方的禮物》（*Gifts From the East*）小冊子，說明包含「與眾不同的」東方和「親切的」西方兩種文化的香港，可以讓旅客欣賞到各種來自中國大江南北的手工藝品，例如象牙、銅、廣彩瓷器、翡翠、書法、木雕、印章、漆器、首飾、地毯、屏風、絲綢等。[12] 不少昔日由嶺南各地傳到香港，並在今天成為香港非遺項目的工藝製品，也是當時旅協希望吸引遊客來到香港購買的東西。這些嶺南工藝成為香港專屬的伴手禮，也使香港成為當時對外宣傳嶺南文化及工藝的重鎮。

1976 年起，旅協開始舉辦香港國際龍舟邀請賽，[13] 是香港的一大盛事，也是當時少有的國際龍舟賽事。1978 年，三軍司令李基輔（Roy Redgrave, 1925–2011）認為端午節是「香港華人一個最具特色的傳統節日，而端午節龍舟競渡更是遊客和本地居民樂於參與的盛舉」。[14] 這種介紹可以說明，旅協不單希望通過活動來推廣香港的傳統中國文化，也希望利用盛事吸引海外遊客。1978 年的邀請賽，總督麥理浩（Crawford Murray MacLehose, 1917–2000）介紹該次比賽活動吸引了來自美國、日本、馬來西亞、葡屬澳門、新加坡和紐西蘭的隊伍，也藉此吸引來自

---

12 Hong Kong Tourist Association, *Gifts From the East Hong Kong's Chinese Arts and Crafts* (Hong Kong Tourism Board Collection at the University of Hong Kong, accession number: hktbc_pam_00016-00013).

13 龍舟競渡不是香港非物質文化遺產清單的項目，但是與龍舟相關的習俗，如大澳端午龍舟遊涌早已被列入香港非物質文化遺產代表作名錄。而大澳端午龍舟遊涌申報到國家級非物質文化遺產時，都被羅列於端午節的民俗之中。因此，龍舟競渡雖然是一種比賽，也是一種旅遊推廣項目，它無形中傳承著香港的一些文化習俗，故仍符合本書探討非遺的研究範圍。

14 香港旅遊協會：《一九七八年國際龍舟邀請賽特刊》（香港大學圖書館香港旅遊發展局文獻檔案，檔案編號：hktbc_pam_00019-00080），頁 3。

這些地方或其他國家的遊客訪港。龍舟國際邀請賽的特刊除了介紹龍舟文化及比賽資訊外，更多的內容是宣傳香港各種觀光事業的資料。攝影公司、主題公園（如海洋公園或昔日位於美孚附近的主題公園宋城）、酒店、航空公司等，每年都會在這本刊物刊登廣告。由此可見，旅協舉辦這個活動，是希望推動旅遊業；刊物內容多以英文撰寫，也明確顯示它是一本面對遊客的刊物。[15]

值得一提的是特刊中有關龍舟歷史的部分。在 1980 年的特刊中，旅協介紹龍舟傳說及其意義時提到：「多姿多采的龍舟在香港水域劇烈競技，象徵古代群龍在天際會戰。當騰雲駕霧的群龍鏖戰之時，必然呼風喚雨，而人間乃雨下如注。這是中國南方的傳說。每年五月五日端午節所下的龍舟水，據中國的農曆說，是有助於農作物成熟和豐收的。」[16]

旅協除了介紹龍舟的南方起源和傳說外，也表明香港的龍舟競渡與南方中國的文化傳承有關係：

今天的香港早已脫離了古老的農業文明，但華人則沒有放棄他們的古老習俗⋯⋯愛國詩人屈原因讒受貶，流放江南，因憤國事之凋敝，朝綱之不振，憤而投江自決。地方漁父紛紛操舟往救，以槳擊水，藉以阻止魚兒吞噬屈原遺骸，同時以五色絲線繫

15　香港旅遊協會：《一九七八年國際龍舟邀請賽特刊》，頁 3。
16　香港旅遊協會：《一九八零年國際龍舟邀請賽特刊》（香港大學圖書館香港旅遊發展局文獻檔案，檔案編號：hktbc_pam_00019-00082），頁 9。

裹糉子投江，拜祭屈原……每年夏曆的五月五日端午節，香港水域即有龍舟競渡的活動，重演此一動人的歷史傳說的活動。[17]

　　旅協上述的介紹，強調香港雖然脫離了古舊社會，但是相關的習俗仍然保留。儘管具體的傳說起源並非與「嶺南」相關，只是與中國南方有關，但是當時旅客對旅遊項目的原真性並沒有太強烈的追求，自然樂意體驗這種刻意營造的傳統。

　　旅協選擇以龍舟競渡作為推廣香港旅遊的項目，也是延續著「東方就是香港」的主題。上文看到旅協向遊客展示脫離了古老農業生活的香港華人，仍然保留著他們來自南方中國的傳說和習俗，每年均會舉辦這種傳統活動。龍舟傳說正切合了旅協「東方就是香港」口號中，「香港」代表著古老、異國和傳統的論調。而旅協進一步以中國南方相傳「群龍鏖戰」意象來解釋香港龍舟競渡的源起，透過在對外宣傳中加入嶺南傳說，使大眾認識到龍舟競渡是香港傳統文化的一部分。

　　其後，這種龍舟論述進一步強化為旅協傳播甚至是復興香港傳統地域文化的資源。1986 年龍舟競賽特刊，旅協強調他們是令龍舟活動復興的關鍵：「雖然端午賽龍已有二千年歷史，但此項活動的復興卻在 1976 年，其時香港漁民公會與香港旅遊協會聯手舉辦龍舟比賽……」[18] 由此可見，龍舟雖然一直在香港民間傳承，但旅協卻嘗試論說是旅遊形

17　香港旅遊協會：《一九八零年國際龍舟邀請賽特刊》，頁 9。
18　香港旅遊協會：《一九八六年國際龍舟邀請賽特刊》（香港大學圖書館香港旅遊發展局文獻檔案，檔案編號：hktbc_pam_00019-00083），頁 17。

式使傳統文化和習俗得以在香港復興。旅遊宣傳品無形中表達了習俗如何傳承的想法，這種想法或許是當時官方的主張。

1999 年，由旅協主辦的龍舟邀請賽已不於維港舉行，轉化為在西貢、沙田、荃灣、香港仔、赤柱、梅窩、大澳等地各自舉行地區活動。此時，已不再看到龍舟傳說是「中國南方的傳說」這類說法，反而直接說龍舟競渡為「充滿中國色彩的節慶活動」。[19] 然而，這一屆也是旅協舉辦的最後一屆龍舟賽事，以後旅協不再參與相關活動，轉為採用其他方式繼續推廣香港旅遊。

四、旅遊與非物質文化遺產

旅協在旅遊宣傳品中呈現一些嶺南地域文化的論述，都是希望旅客能夠在這個「東方的窗外」，接觸甚或感受被視為呈現嶺南地域文化的香港傳統華人風俗。其中，旅協及香港政府一直積極推動的長洲太平清醮，是最知名、最為吸引遊客的文化習俗。

自 1960 年代以來，長洲太平清醮的英譯都是「包節」（Bun Festival），即我們常說的「包山節」。W. A. Taylor 於 1953 年曾撰文介紹太平清醮。他提到由於長洲位於珠江口，不少與廣州貿易或內陸走私的生意都在這兒進行；故在英國人來到香港前，長洲已是非常熱鬧的

19　香港旅遊協會：《一九九九年端午節本地龍舟賽事時間表》（香港大學圖書館香港旅遊發展局文獻檔案，檔案編號：hktbc_pam_1999-06-03_00005），頁 1。

地區。[20] 事實上，明清時期的《廣東通志》、《新安縣志》，已說明長洲是熱鬧的墟市。綜合島民的說法，我們可以推論長洲早於 19 世紀已經舉行太平清醮，是島內的重要活動。香港政府很重視該節慶，自 1960 年代，總督戴麟趾（David Trench, 1915–1988）便有定期參加長洲太平清醮。

自 1965 年起，旅協建議旅行代理在為旅客安排在港旅行計劃時，如時間許可，可加插「包山節」這種具華南文化特色的活動。[21] 舞獅、飄色與搶包山都成為了當時吸引遊客前往香港感受東方文化的象徵。其中，長洲被有關當局包裝為華人聚居的小島；搶包山成為旅協製作宣傳品時經常採用的元素。

著名插畫家 Angus McBride（1931–2007）在參考香港搶包山資料（未有資料顯示他是否去過長洲）後製作了一幅插畫，介紹長洲包山節的情況。圖表 31 可見爬包山的都是男性，有幾位女性（當中包括一位穿著本地農民服飾的女性）在包山下鼓勵健兒們往上爬。而健兒們爬得越高，可藉此彰顯自己的實力以及其所屬社群在社區內的價值。

---

20 該文章及後由韋錦新翻譯為中文，詳參 W. A. Taylor 著，韋錦新譯：〈幽靈的節日〉（原載於 1953 年 12 月的 *Wide World Magazine*），收入蔡志祥、韋錦新編：《延續與變革 —— 香港社區建醮傳統的民族誌》（香港：香港中文大學出版社，2014），頁 287–291。後來，自 1966 年起，政府有關太平清醮安排與籌辦的檔案文件裏都收載該篇文章，相信該文章是代表了當時政府對太平清醮的認知。詳參 "Cheung Chau Bun Festival-1966" (Collection of Hong Kong Government Records Service, HKRS407-1-33).

21 Hong Kong Tourist Association, *Annual Report 1965–1966* (Hong Kong: Hong Kong Tourist Association, 1966), p. 27.

圖表 31　*Hong Kong Bun Festival*

　　宣傳品介紹的「包山節」，基本上已成為了不少人對太平清醮的記憶。太平清醮其他具嶺南氣氛和色彩的民俗部分理應也非常豐富，可是，旅協及有關當局只停留以「包山節」作為推廣旅遊手段的層面，而沒有與社區、生活及個人之間作出聯繫。因應旅遊表述的簡潔化，與嶺南相關的其他元素像飄色、傳統的起源以及打醮的方式，甚少被納入於旅遊宣傳的材料之中。

　　除了旅遊材料描述之外，旅遊活動也是使嶺南的非物質文化遺產為人所知的關鍵，其中最值得一提的例子便是食盆。食盆是香港非物質文化遺產代表名錄的其中一項，也是新界各村昔日的宴會中，如婚宴、點燈、祭祖等重要節慶或儀式的食品。食盆在東莞、深圳的村落十分流行，傳說記載南宋君臣逃難至廣東，東莞及香港新界一帶圍村的村

民曾以木盆盛載食物來接待宋帝昺（趙昺，1272–1279），這成為食盆的起源。[22] 曾於新界鄉村進行長期的人類學調查、對食盆文化有深刻體會的華琛指出，食盆是本地族群（相對於客家、水上人等族群的稱謂）在珠江三角洲一帶的習俗，也是本地族群呈現自我身分的文化的一部分。1970 至 1980 年代的新界村民曾向他表示，食盆起源於乾隆帝（弘曆，1711–1799）微服南巡佛山，因其身無分文，獲得當地一位廚師的幫助，給他烹煮了一盆食物。[23] 儘管我們無法得悉食盆的起源，但是無論是宋帝昺還是乾隆帝，都是用來強化食盆向外展示的文化價值。另一方面，食盆傳說以東莞或佛山等廣東城市為背景，象徵新界宗族與嶺南腹地的密切聯繫。這些描述在本地旅遊與非遺推廣之下加以流傳，並被視作歷史的一部分。

這種飲食習慣自 1990 年代起，已成為香港人節慶食物選擇之一。因 2019 年冠狀病毒病肆虐影響，現時不少本地家庭已改為於家中進食盆菜，作為節慶活動聚餐。張展鴻的研究發現，食盆成為了香港人與遊客熟悉的食物「盆菜」，是與 1990 年代香港流行本地一日遊有關。隨著來往新界的交通越來越方便，香港人選擇到新界一天遊，探索各種與嶺南相關的傳統文物與古蹟，是他們獲得身分和文化認同的憑藉。[24]

---

22 關於東莞官方網站介紹關於盆菜的起源，詳參〈千年盆菜〉，中國東莞市人民政府網站，http://www.dg.gov.cn/changan/caly/msfq/content/post_1718573.html，瀏覽日期：2022 年 1 月 26 日。另外米芝蓮指南中描述的説法也提到，盆菜是新界圍村招待南宋小皇帝的故事，詳參〈追本溯源：盆菜〉，米芝蓮指南網站，2019 年 1 月 30 日，https://guide.michelin.com/hk/zh_HK/article/features/trace-the-roots-pan-cai，瀏覽日期：2022 年 1 月 26 日。

23 James Watson, "From the Common Pot: Feasting with Equals in Chinese Society," *Anthropos*, vol. 82, no. 4/6 (1987), pp. 392–394.

24 張展鴻：〈從新界的圍村食盆到外賣盆菜〉，《自由時報》，2017 年 1 月 14 日，https://talk.ltn.com.tw/article/breakingnews/1947451，瀏覽日期：2022 年 1 月 26 日。

2003 年非典型肺炎期間，政府為了振興本地經濟，大力推動本地遊，自此食盆為人熟悉，更是不少大型飲食集團的節慶推廣產品。這種感受傳統嶺南文化的本地遊活動，推動食盆走出新界農村，轉化為市區的新年盆菜，這種香港少數族群的飲食習俗得以普及。

1996 年除夕，時裝設計師鄧達智在鄧氏宗祠中舉辦盆菜宴活動。1997 年香港回歸祖國前夕，香港旅遊協會參考該次活動，[25] 多次在不同場合舉辦千人及萬人盆菜宴。[26] 舉辦大型盆菜宴的最初目的，只是作為其中一項慶回歸活動。不過，為了讓遊客感到新奇，旅協希望以一種遊客甚少接觸的特色菜餚作為宣傳要點之一。因此，盆菜宴後來成功轉化為旅遊策略，以克服當時的經濟困境。與嶺南各城市擁有共同記憶的食盆習俗，因而成為旅遊宣傳的元素，成為回歸以後香港傳統文化的代表之一。有不少原來沒有食盆習慣的社區或單位，都把盆菜變成組織或內部聚會的食品。

各種傳統嶺南節慶習俗，在回歸後成為吸引遊客的活動。一些廟宇管理者也希望把廟宇和文化旅遊、遺產旅遊連結，藉此增加大眾對廟宇的認識，吸引更多人參拜，增加香火。華人廟宇委員會（簡稱華廟會）是成立於 1928 年的香港非牟利法定組織，負責以公司經營的方式，委託其他機構管理其轄下的廟宇。華廟會直屬的廟宇一般以投標形

---

25 鄧達智於專欄及接受傳媒訪問時也確認此事。詳參鄧達智：〈今非昔比話團圓〉，《文匯報》，2022 年 2 月 4 日，頁 B10；〈「盆菜孝子」鄧達智教你食真·盆菜〉，《Topick》，2016 年 2 月 4 日，https://topick.hket.com/article/1310941/「盆菜孝子」鄧達智教你食真·盆菜，瀏覽日期：2022 年 1 月 26 日。
26 譚潔儀：《港人港菜 —— 15 道港菜背後的香港故事》（香港：萬里機構，2017），頁 22。

式批出司祝一職，投標標準分價錢及經驗兩方面，中標者須與華廟會簽訂合約，明確雙方的責任。[27] 現時香港政府檔案處收藏的華人廟宇委員會檔案中，可發現以往官方對非遺及保育旅遊的態度。

不少與華廟會有關、藏於香港政府檔案處的檔案中，可見當局如何視香港的嶺南傳統及非遺為旅遊資源，藉此推廣保育旅遊及文化旅遊。在 2005 年 8 月的簡報中，華廟會提到對廟宇管理的展望時，希望「利用廟宇本身的不同特色與歷史價值，加以宣揚，並發展成為一些吸引遊客的景點。藉著不同的推廣，加深公眾對本港廟宇的認識。知名度隨之增加，有助宏揚中國傳統文化精神」。[28] 就此，2006 年華廟會成立了「廟宇管理發展及工程小組」，探討廟宇歷史文化、藝術價值的推廣，改善廟宇形象，建立廟宇管理文化，發展廟宇旅遊潛力等。[29] 可見，華廟會就其轄下廟宇的特色，嘗試推廣旅遊，把廟宇視為觀光景點。

2007 年起，華廟會以「為發揚中國傳統文化和推廣廟宇為社區凝聚點」為目標，嘗試以大型廟會的方式吸引遊客觀光。[30] 除了可展示傳統中國廟宇建築特色外，廟會嘉年華更可融合各種傳統風俗，加入一些節慶非遺項目（如觀音誕、譚公誕、天后誕等）的元素、傳統手工藝及表演

---

27 關於華人廟宇委員會和《華人廟宇條例》對廟宇的影響，詳參危丁明：〈《華人廟宇條例》與香港廟宇管理〉，收入氏著：《仙蹤佛跡：香港民間信仰百年》（香港：三聯書店，2019），頁 167–198。

28 "Chinese Temple Committee-General" (Collection of Hong Kong Government Records Service, HKRS2154-3-2).

29 〈關於：加入管理發展及工程小組 Chinese Temple Committee-General〉（香港政府檔案處文獻檔案，檔案編號：HKRS2154-3-3）。

30 "Chinese Temple Committee-General" (Collection of Hong Kong Government Records Service, HKRS2154-3-3).

藝術（風箏製作、地水南音等）等。其中，華廟會每年計劃的譚公誕廟會及巡遊報價表可見，除了傳統儀式、法會，廟會上亦安排了各種富有嶺南特色的廟會活動，如舞獅跳樁、粵劇神功戲、酬神盆菜宴等。[31] 上述華廟會檔案的例子，反映官方機構嘗試透過旅遊推廣，介紹具有嶺南特色的廟宇文化及其蘊藏的非物質文化予大眾與遊客，以實現文化旅遊及非遺旅遊的可能性。從 21 世紀初的華廟會檔案說明，官方機構開始更積極探討文化遺產旅遊在港實行的可能性，而廟會、廟宇發展等，正朝這方面推進。

五、小結

總括而言，香港的旅遊宣傳策略，一直以「東方就是香港」作為口號，建構各種旅遊主題以及介紹各種旅遊地點及活動予遊客。而旅協等機構在塑造「東方就是香港」的過程中，則融合了一些傳統中華文化的工藝、活動或景點，為旅客提供「東方的」旅遊體驗。於是，各種起源自嶺南，但並非常見的文化項目，如嶺南工藝，或長洲的打醮、新界的食盆，都成為了吸引遊客感受香港傳統面貌的部分。這些傳統充滿著嶺南特色，無論是在描述的過程中，還是在參與的過程中。香港回歸祖國以後，官方機構更積極探討文化旅遊、保育旅遊的可行性，曾多次舉行包含嶺南傳統、融合多種非遺項目的「地區廟會」。可見在文化旅遊的意識之下，遊客及大眾成功以旅遊的形式，增進了對非遺中嶺南傳統的了解。

---

31 "Chinese Temple Committee-General" (Collection of Hong Kong Government Records Service, HKRS2154-3-4).

本章作者

羅樂然
黃天琦（澳大利亞阿德萊德大學亞洲研究系講師）

第六章

再現嶺南：
香港流行文化展示的
非物質文化遺產項目
與嶺南詮釋

一、小引

　　一直以來，無論是港產電影還是電視劇，香港流行文化仍是大眾熱烈討論的話題。1990 年代中後期，香港流行文化雖然曾面臨不少困難，[1] 但時至今天，當時的文化產物仍膾炙人口。近年香港流行文化有兩大發展動向：其一，結合內地的懷舊熱潮，成為一眾內地歌迷共同回憶1970 至 1990 年代的懷舊選擇。[2] 其二，本地娛樂公司結合電視臺與網絡的宣傳，形成一股新的「追星」浪潮。[3] 這兩面截然不同的動向，無疑重新吸引已面向全球文化的本地觀眾及支持者，讓本地流行文化界重回鎂光燈下。故此，香港流行文化的興衰成為近年大眾關注的議題，回顧其歷史，亦可發現流行文化的發展與香港近年的變遷息息相關。

1　朱耀偉的文章曾指出：「『香港 XX 已死』之類的說法已流行多時，美國《財富》（Fortune）雜誌早在 1995 年便說『香港已死』，同年《明報月刊》也有『香港電影之死』的專號。Beyond 樂隊主音黃家駒曾說香港根本沒有樂壇，著名填詞人黃霑的博士論文亦認定香港粵語流行音樂工業在九七回歸後已壽終正寢。」這些回顧很多都是在1990 年代提出的觀點，那個時候的香港面臨主權移交議題，移民潮和當時各種社會因素的影響下，香港文化的多樣性及廣泛性已不及 1980 年代。關於這方面的探討，詳參朱耀偉：〈香港（研究）作為方法——關於「香港論述」的可能性〉，《二十一世紀》，第 147 期（2015 年 2 月），頁 48。

2　香港無線電視與湖南衛視合作製作《聲生不息》真人實境節目，香港粵語流行曲被形容為「港樂」，邀請老中青三代的中國內地及香港歌手，比賽演唱香港樂壇歌曲。網絡的評論大多以「致敬」、「懷舊」、「重回」等字眼來形容這節目。節目中所採取的比賽歌曲大多是 1980 至 1990 年代的香港樂壇粵語歌，少數是 21 世紀的作品。

3　香港電視娛樂的電視頻道 ViuTV 在其真人實境節目中挑選了 12 位男生，組成音樂團體 MIRROR。自新冠肺炎疫情爆發以來，這支組合的走紅使全港不同年齡層都熱衷於「追星」活動之中。詳參 "This Boy Band Is the Joy That Hong Kong Needs Right Now," *New York Times*, Aug. 12, 2021, https://www.nytimes.com/2021/08/12/world/asia/hong-kong-mirror-band.html, accessed May 31, 2022.

大眾或會認為，二次大戰後香港流行文化發展，與在地傳統地域文化關係不大。不過，香港流行文化的載體經常借鑑本地傳統，隱約滲透或明確包裝著嶺南文化，展現香港非遺項目的地域特色。過去不少學者研究香港非遺時，大多只集中探討非遺項目本身的意義、儀式，並未充分解釋清楚它們與社會、大眾之間的互動和聯繫。因此，要探討非遺項目與香港社會之間的聯繫，需要跳出非遺的狹義研究範圍，也即是項目的本體，並從受非遺影響的社會文化載體和經濟市場中觀察。其中，流行文化作為社會大眾的生活調劑品，以至是共同生活的記憶，無疑是觀察社會意識及大眾生活關懷最為合適的切入點。

　　自 19 世紀以來，英國在香港實行殖民管治，香港大眾吸收了不少歐美的生活文化與社會習慣，其中包括日常娛樂及流行文化的傳播，電影、電視劇、流行曲、漫畫等流行文化媒介成為了香港大眾日常生活和娛樂的重要部分。有趣的是，儘管大部分的外來流行文化產品都是從歐美引入的，但礙於語言與文化背景的限制，香港本地人卻仍然喜歡具本地色彩，或是以粵語為媒介的載體，而與嶺南有關的內容更是香港各種流行文化常見的元素。因此，本章將會透過二戰後香港的各種流行文化題材，探討現時被列入香港非遺清單或代表作的文化項目，如何成為各個時代文化人的創作素材，以不同載體呈現於大眾眼前。通過探討這種「再現」的過程，本章不單會探討創作者如何理解非遺項目，也探討大眾如何認識南音、洪拳、詠春及戲棚搭建技藝等非遺項目，並藉此思考流行文化如何影響大眾理解非遺項目的內涵。

流行文化（Popular Culture）又稱大眾文化、消費文化或通俗文化，[4] 指伴隨工業化或城市化的過程出現，並借助現代科技迅速傳播和大批量生產，從而為大眾帶來消遣，商家可從中獲取利潤的娛樂文化。[5] 二次大戰後，香港受到中國內戰、韓戰及冷戰的影響，無法再從事中國與世界之間的貿易轉口；而戰亂也促使部分國內資本、工業技術和勞動力遷移到香港，令香港轉型為工業城市。1947 年，香港僅有 998 間工廠，工人數量約有 5.1 萬人；但到了 1959 年，工廠激增至 4,860 間，工人數量多達 18 萬人。[6] 這些數據標誌了香港工業化的開始，克服了戰爭帶來的經濟困難與挑戰。

同時，香港政府於二戰後開始關注香港華人的居住問題。1953 年，石硤尾大火破壞數以萬計山邊寮屋家庭的家園，災民無家可歸。香港政府為了維持社會穩定，避免香港華人因此而同情新中國，便加快展開大規模的徙置區計劃，大量居民得到安身之所。[7]

密集勞動力的工業持續發展，為香港居民提供了大量工作機會；徙置房屋的興建，也使香港居民的生活漸趨穩定。大眾開始追求生計以

4　Raymond Williams 認為英語中的「流行」（Popular，或大眾）文化，指的是一些多人喜愛的、刻意為贏取人民好感而設置的、非高水平的，以及為人民創造的文化。關於此，詳參 Raymond Williams, *Keywords: A Vocabulary of Culture and Society* (Oxford: Oxford University Press, 2015), p. 180。

5　歐洲的流行文化起源於工業革命後。工人及中產階級的興起，令貴族的文化普及起來。關於此，詳參 Lok-yin Law, "Rethinking Popular Culture," in *Hong Kong History: Themes in Global Perspective*, eds. Man-Kong Wong and Chi-Man Kwong (London: Palgrave Macmillan, 2021), pp. 181–182。

6　劉蜀永主編：《簡明香港史》（廣州：廣東人民出版社，2019），頁 298。

7　Alan Smart, *The Shek Kip Mei Myth: Squatters, Fires, and Colonial Rules in Hong Kong, 1950–1963* (Hong Kong: Hong Kong University Press, 2006), pp. 39–58.

外的生活享受，娛樂大眾的流行文化應運而生。1950 年代起，香港電影、流行歌曲、漫畫，及後來的電視業均蓬勃發展。1980 年代以前，中國內地的社會變革、臺灣的戒嚴，使兩岸的流行文化發展停滯。正如鍾寶賢所指：「在兩岸三地的華人社會裏、在排山而來的政治波濤中，歷史讓香港偏安一隅。」她同時進一步說明，因為香港文化創作與政治疏遠，使其流行文化發展別具一格：

> 在這小島上，電影（註：也能擴展定義到其他流行文化載體）最終能（獨立於政治）走進市場，電影能（放下政治教育任務）變成個人娛樂，電影也能把演員交託給市場（而不是政治立場）定奪，變成耀眼明星。[8]

這一點使香港流行文化在華語世界一枝獨秀，在回歸前被視為亞洲文化的象徵，甚至是大中華區的文化指標，在亞洲乃至全世界有一定程度影響力。[9] 此外，以市場為主導的流行文化媒體，較少肩負政治與教育任務，更多的是透過各種符號或話語反映大眾的聲音，呈現作者的想法與觀點，以至明示或暗示一些意識形態。因此，香港的流行文化可以說是香港大眾歷史的寫照。

有關回歸以前的香港社會環境，譚少薇以飲茶文化為例，指出香港人建立文化認同的兩個面向：一方面，香港人對於個人的辛勤工

8　鍾寶賢：《香港影視業百年》（香港：三聯書店，2004），頁 370。
9　Klavier J. Wang, *Hong Kong Popular Culture: Worlding Film, Television, and Pop Music* (London: Palgrave Macmillan, 2020), pp. 439–440.

作、植根五千年的中華文明和建立了一個國際都會的成就感到自豪；另一方面，他們採用多種手段以傳統文化習俗在殖民管治下維持自我意識。[10] 在大眾眼裏，非遺跟飲茶文化都被歸納在傳統文化中，與非遺交織的流行文化也在上述兩個方面構建香港的文化認同。同時，這種現代社會的傳統習俗方式，正好符合香港權力架構所期盼的「東方遇上西方」及「傳統中國遇上現代世界」的話語。[11] 本章將借鑑譚少薇的分析作為討論框架，探討當代的流行文化與傳統中國習俗在香港的連結，特別是與嶺南有關的風俗和傳統如何被藝術家、創作家再利用，以迎合和重塑這個城市的話語，探討大眾眼中非遺項目的定位以及其與嶺南之間聯繫的意義。

近年「保育」概念日漸熾熱。保育不單單局限於物質上，非物質的文化保育亦逐漸受到重視。[12] 文化創作者往往在有意無意間通過不同媒介，闡述各種民俗傳統。本章欲透過風靡一時的香港流行文化，包括香港電影、電視劇、漫畫等文化文本作為個案，探討香港非遺項目裏的嶺南風俗元素，如何被普羅大眾接受和理解。這方法將有助思考香港社會如何理解本地與嶺南文化之間互相形塑的關係。

---

10 譚少薇認為飲茶是國際知名的香港文化代表，而這代表卻是來自嶺南的生活傳統，故此香港人的文化認同藉著這種傳統的流行得以強化且進一步獲國際肯定。

11 Siumi Maria Tam, "Eating Metropolitaneity: Hong Kong Identity in Yumcha," *The Australian Journal of Anthropology*, vol. 8, no. 3 (1997), pp. 291–306.

12 廖迪生：〈傳統、認同與資源〉，頁 200–224。

二、香港流行文化的起源與嶺南元素

香港的流行文化不時會從嶺南文化中尋找靈感，例如港產電影與音樂的起始，也跟嶺南的民俗相關。香港電影史上第一部作品《莊子試妻》（1914）便是取材自粵劇《莊周蝴蝶夢》。[13] 莊子試妻的故事是一個經典劇本，在各地的傳統戲劇如崑劇、京劇等均有採用。但中國最早的電影卻選擇了改編粵劇，可見傳統的嶺南民俗與表演藝術，可以成為日後華文流行文化發展的重要改編資源。

民國及抗戰期間廣泛流行的粵劇，為了迎合一次大戰後人們的生活習慣，粵劇創作在大眾娛樂取向的改變下，由劇場演出為主改為以電影演出為主。粵劇電影成為當時香港最重要的文藝製作之一，例如名伶薛覺先（1904–1956）擔任主角的《白金龍》和《新白金龍》等，成功獲得不少正面評價。[14]

其中一首被視為開創粵語電視主題曲文化的歌曲作品〈啼笑因緣〉，是由粵劇作家葉紹德（1930–2009）填詞。[15] 主唱人仙杜拉過去主要演唱西歐音樂，為了此曲，稍為採用粵劇小曲的唱腔來唱出這首結合中式小調與西式元素的作品。而〈啼笑因緣〉的流行，使香港流行樂壇

13　趙衛防：《香港電影史》（北京：中國廣播電視出版社，2007），頁 19。
14　關於二戰前粵劇電影發展史情況，詳參 Law Kar, "Between Pre-war Cantonese Opera and Cinema: Their Mutual Transformation and Aesthetic Issues in Hong Kong Context," in *Heritage and Integration: A Study of Hong Kong Cantonese Opera Films*, ed. May Ng (Hong Kong: Hong Kong Film Archive, 2019), pp. 12–27。
15　學者大多以此作為粵語流行曲發展的分水嶺，而非較早出現的其他歌曲如〈煙雨濛濛〉。關於此，詳參 Yiu-Wai Chu, *Hong Kong Cantopop: A Concise History* (Hong Kong: Hong Kong University Press, 2017), p. 21。

的主流開始從國語歌轉化為粵語歌,社會也更容易接受粵語歌在大眾媒體上播放。可見,粵曲與粵劇等這些傳統文化元素一直植根在流行文化之中。

　　而提到香港的電影,海內外都會認為最具代表性的片種是功夫電影。功夫電影不單在香港極受歡迎,更可以說是蜚聲國際,英文「Kung Fu」一詞就是來自粵語「功夫」的音譯。「功夫」和「武術」是兩者相近的名詞,兩者都有古代文獻記載,但以「武藝」、「武術」佔多。麥勁生認為「功夫」一詞於 1970 年以後變得常用、普及,甚至被收錄於英語字典之中,[16] 而相關電影也多用「功夫電影」作稱呼,而非「武術電影」。[17] 時至今天,香港的非遺清單中包括多種武術,例如南少林五祖拳鐵臂功、洪拳、詠春拳、太極拳、林家洪拳、蔡李佛拳等;又按師承關係,把部分武術如太極拳、詠春拳等細分為不同形式,如吳式太極拳、葉問詠春等,皆屬於「社會實踐、儀式、節慶」的範圍之內。

　　不過,早在 1920 年代,中國電影業已投入資源、人力,製作以北派武俠小說為藍本的電影,如《火燒紅蓮寺》便是中國最早的武俠片。該片取材自平江不肖生(向愷然,1889–1957)的武俠小說《江湖奇俠傳》。這些武俠電影在 1930 年代受抗日救亡運動的反封建迷信影響,稍為有所減少。帶有神怪元素的武俠片雖曾備受歡迎,然而在不受題材限制的電影市場下,香港觀眾逐漸厭倦這些神怪作品。故二戰後的香港電影片商把嶺南的一些武林傳奇人物運用到電影故事中,改為製作走寫

16　麥勁生:《止戈為武:中華武術在香江》(香港:三聯書店,2016),頁 16-23。
17　個別提到的非遺項目,本書將以「武術」稱之;提到電影內容,則以「功夫」稱之。

實路線的武打片。[18]

　　麥勁生的研究專書指出，一般人認為清朝火燒少林寺導致武術南移的觀點，其實是天地會虛構的故事。嶺南一帶武術興起的主因是由於廣東與福建械鬥嚴重，地方宗族領袖開始僱用拳師培訓習武和設立團練。[19] 其中，粵東地區的客家人面對不少海盜、山賊問題，與原住民間亦因利益問題產生衝突，故武術於其社群內特別盛行。[20] 後來，新興城市中不乏來自客家地區拳師所成立的武館，在廣州、佛山、新會一帶日漸流行。這些拳館的成立，使不少武術、功夫得以傳授，成就了廣東武術的流行。[21] 民國初期，孫中山政權與廣東省歷任政府都鼓勵武術，認為尚武精神與強國強族有關，希望藉此激勵國民，振興民族。因此，上海精武體育會廣州分會於 1919 年的成立、[22] 廣東省政府主席李濟深（1885-1959）籌建兩廣國術館（成立於 1929 年）等事件，[23] 都使嶺南地方充滿濃厚的尚武氛圍。不少戰前在廣東出生的香港新移民，就是從這種氛圍下成長的。

三、活現嶺南功夫的黃飛鴻電影

　　戰後香港的電影觀眾大多熟悉廣東風情，日常使用粵語，神怪

18　麥勁生：《止戈為武》，頁 118-119。
19　麥勁生：《止戈為武》，頁 36-37。
20　麥勁生：《止戈為武》，頁 39-40。
21　麥勁生：《止戈為武》，頁 40。
22　郭嘉輝、劉繼堯：〈民國尚武精神的剪影：孫中山尚武精神及精武體育會的發展〉，《중국사연구》（中國史研究），第 103 輯（2016 年 8 月），頁 245-262。
23　麥勁生：《止戈為武》，頁 45-46。

武俠並不切合當時大眾所需。電影人受到當時熱愛洪拳的編劇吳一嘯（1911–1964）和作家朱愚齋（生卒不詳）的影響，[24] 開始拍攝「黃飛鴻系列電影」。起初沒有電影投資者知道誰是黃飛鴻（1847–1925），但黃飛鴻的系列電影後來卻拍攝了超過一百多部，更被列入《健力士世界紀錄大全》（*Guinness World Records*）。[25] 電影評論人石琪認為，黃飛鴻電影是香港武打片的奠基者，堪稱為香港電影的「武林正宗」。[26]

　　第一輯黃飛鴻電影的創作，與黃飛鴻的師門有密切關係，使其真實性加以強化，令黃飛鴻系列電影在香港電影市場中大受歡迎。電影導演胡鵬（1909–2000）邀請了黃飛鴻遺孀莫桂蘭（1892–1982）及兒子黃漢熙（生卒不詳）作口述記錄，又邀請了黃飛鴻的再傳弟子（如林世榮［1861–1943］的徒弟劉湛［1898–1963］，[27] 在電影中飾演林世榮一角）及不同的洪拳師父進行示範，使得「硬橋硬馬」的嶺南武術，寫實地呈現在大銀幕上。盧偉力認為，黃飛鴻電影一方面是不斷推陳出新的電影系列，但另一方面不忘肯定傳統，並嘗試把傳統文化價值在當代呈現。[28]

24　盧偉力指出當時朱愚齋在報刊上連載黃飛鴻的「技擊小說」，吸引了導演胡鵬、編劇吳一嘯的關注，後來把小說改編成兩套賣座的電影《黃飛鴻傳（上集）》及《黃飛鴻傳（下集大結局）》。關於此，詳參盧偉力：〈五六十年代香港粵語功夫片的文化想像〉，收入文潔華編：《粵語的政治》，頁 66。

25　由 1949 年《黃飛鴻正傳》為第一部黃飛鴻電影，至 2018 年的《黃飛鴻之怒海雄風》，共 105 套，成為《健力士世界紀錄大全》中最長的系列電影。詳參麥勁生：〈黃飛鴻 Icon 的本土再造〉，頁 85。

26　石琪：〈香港電影的武打發展〉，收入劉成漢編：《香港功夫電影研究》（香港：市政局，1980），頁 13。

27　關於劉湛和林世榮的關係，詳參張彧：《香江飛鴻：黃飛鴻傳奇與嶺南文化》（香港：中華書局，2023），頁 59–63。

28　盧偉力：〈五六十年代香港粵語功夫片的文化想像〉，頁 68。

其中，電影評論家和研究者羅卡認為，黃飛鴻電影就是把儒家倫理教化具體化的手段，[29] 這亦是嶺南一直傳承的武術文化的精神價值。無論是洪拳、蔡李佛拳、詠春拳等，都是以拳館為空間來傳承，這些武術都重視師徒關係。而黃飛鴻電影經常在語言及行為上呈現這些世俗倫理，也是嶺南武館傳統所重視的價值觀。此外，盧偉力也指出，在師道人情關係以外，電影也觸及一些華南地域的風土民情，如黃飛鴻經營的武館寶芝林，一方面這裏是他閒時教授徒弟練武強身的空間，另一方面這裏也是一所跌打醫館，看診是他日常最主要的事務。這些黃飛鴻電影有意無意間展現嶺南就是一個互相扶持的社會，這是創作者當時想像中的嶺南社會生活面貌。[30]

黃飛鴻電影在香港得以廣受歡迎，也反映當時香港與廣東各地有一定的民間連繫，使黃飛鴻的武術，早就受部分香港人所認識。黃飛鴻的徒弟林世榮於 1920 年代來到香港，曾開設武館。[31] 報刊小說家朱愚齋向林世榮學習武術的同時，知道了黃飛鴻的故事，並在 1933 年《工商晚報》連載《黃飛鴻別傳》，[32] 後來又在 1950 年出版《嶺南奇俠傳》一書講述黃飛鴻的故事。[33] 這些故事或許有偏離事實，但卻令人對黃飛鴻的傳奇故事充滿好奇。麥勁生歸納認為關德興（1905–1996）主演的黃飛鴻電影有以下特色：華南民俗風情、黃飛鴻鄉里領袖的形象和華南武術的傳統。黃飛鴻電影雖然發源於香港，但充滿著華南的情懷。這是因

29　羅卡：〈黃飛鴻家族：精神與繁衍〉，收入羅卡、吳昊、卓伯棠編：《香港電影類型論》（香港：牛津大學出版社，1997），頁 3–6。
30　盧偉力：〈五六十年代香港粵語功夫片的文化想像〉，頁 73。
31　麥勁生：《止戈為武》，頁 53。
32　關於朱愚齋和林世榮的拜師經過，詳參張彧：《香江飛鴻》，頁 57–59。
33　朱愚齋：《嶺南奇俠傳》（香港：通俗出版社，1950）。

為朱愚齋早期塑造的黃飛鴻就是這種市井的傳統鄉里領袖。[34]

　　戰後初期的黃飛鴻電影，展示的都是廣州的民俗風情、華南文化場景；廣州的仁安街、福利街、市集的花燈會以及西關搶新娘等的故事，都以嶺南的武術和嶺南的場景，把不少香港觀眾的目光溯回到他們的鄉下與故居。[35] 正如王春光、李貞晶〈嶺南武林人物黃飛鴻探究〉中指出：「慕俠尚義習俗及為適應小農經濟支配下的平民心理需要，有著巨大的實用性和凝聚力⋯⋯以南拳為代表的嶺南武術歷來受到當地人們的青睞，嶺南武林中的豪傑更是大眾心中的偶像。」[36] 在電影中，黃飛鴻為人們主持公道的形象深受原來居於廣東的香港移民所喜愛，他們對這種維持嶺南社會秩序的長者形象特別有好感。這形象是早期黃飛鴻電影的主要呈現。

　　關德興飾演的黃飛鴻在 1970 年代日漸式微，而黃飛鴻電影亦受到免費電視劇的出現，面臨挑戰。那時正是香港電視業的黃金歲月。當時，林世榮弟子之一劉湛的兒子劉家良導演（1934–2013），透過電影重新建立新的黃飛鴻形象。即使香港日漸發展成為現代化與工業化的社會，香港居民的嶺南傳統卻未有因工業化而完全消失，如他們在市區建立起仿效昔日農村社區組織的同鄉網絡或信仰網絡，作為解決紛爭及應對社會困難的手段。同時，社會面對工業化帶來的不公，大眾需要新

34　麥勁生：〈黃飛鴻 Icon 的本土再造〉，頁 87。
35　麥勁生：〈黃飛鴻 Icon 的本土再造〉，頁 88；張或認為這些電影像是一種紀實式的風俗志，記載不少地方民俗色彩和嶺南風俗，如《黃飛鴻火燒大沙頭》、《黃飛鴻大鬧佛山》、《黃飛鴻沙面伏神犬》等。詳參張或：《香江飛鴻》，頁 203–204。
36　王春光、李貞晶：〈嶺南武林人物黃飛鴻探究〉，《山東體育學院學報》，2011 年第 8 期，頁 44–45。

的「黃飛鴻」來獲取慰藉。劉家良透過 1980 年代的黃飛鴻電影，呈現
昔日嶺南的武館文化及南派武術重視武德的傳統。麥勁牛研究指出，黃
飛鴻化身武者典範，以德行感化歹徒，與其他南派武館互相尊重，[37] 劉
家良刻意強調這種武館文化中尊師重道的精神，是南派武術的宗旨。[38]
劉家良利用大銀幕，來展示香港普羅大眾深信自身所肩負的傳統精神價
值，就是黃飛鴻電影中「以德服人」和「以和為貴」的價值。[39] 這種價
值觀是典型的中國倫理道德價值，但在剛剛經歷工業起飛的香港，對這
些價值的提醒尤為重要。此時，一直被包裝為嶺南傳統文化代表的黃飛
鴻，其所表現的典範，成為當時香港草根階層重要的精神依託。

到 1990 年代，徐克執導的黃飛鴻電影雖然還保留嶺南特色，但明
顯經過本地化，他把黃飛鴻的故事轉移為對香港前途的想像。其中，
1992 年徐克執導的《黃飛鴻之三：獅王爭霸》中，他以嶺南文化的其
中一個代表 —— 舞獅為主軸，引申至香港人所在的處境。作為香港的
功夫電影，電影中充滿了很多嶺南的文化，如演繹嶺南派別的武術、舞
獅、粵曲等；不過，也經常穿插代表西方及現代文化的蒸汽火車、火輪
車、洋服、照相館、西醫等，描畫主角黃飛鴻、葉問（1893–1972）等
如何與當代生活及文化接觸。這種對比與襯托是刻意展示的，嶺南的舞
獅和黃飛鴻的武術象徵著香港人的傳統文化，而上述所提及的西方和現
代科技則代表香港現代化社會的形象，藉此表述香港是傳統中國與現代
西方文明交融的社會。

37　麥勁生：〈黃飛鴻 Icon 的本土再造〉，頁 92。
38　賈磊磊：〈中國武俠電影的正宗傳人 —— 劉家良導演訪談錄〉，《當代電影》，2013 年第
　　9 期，頁 87。
39　麥勁生：〈黃飛鴻 Icon 的本土再造〉，頁 92。

此外，徐克把故事背景搬到北京，提及當時不同的黨派和勢力，如晚清政府的官僚李鴻章（1823-1901）、革命人士孫中山（1866-1925）以及英法列強的外國勢力，正如香港回歸前所面對的政治挑戰。電影中，身為南方民族英雄的黃飛鴻到達北京，卻無人認識、知道什麼是「南獅」，受到冷待，正如香港人因無法決定其前途問題而十分憂慮；「南獅」在電影中成為了「香港面對回歸」的符號，代表著香港人面對香港前途問題的心情，以及中國內地與香港的關係。然而，電影最終以黃飛鴻與北方武者一起抵抗外敵，消滅了俄國人的陰謀詭計，拯救了李鴻章為結局。南獅與北獅的合作，正好表述了徐克一直希望借黃飛鴻的武道傳統、社會倫理，呈現他對中國內地與香港近代發展的看法。[40]

李小良在功夫電影的研究中指出，男性身體的表述和武術招式，是殖民管治之下用來實現恢復強大中國與民族自豪感的關鍵媒介。[41] 其中，功夫電影經常以清末民初時期為背景，日本與歐洲列強對中國虎視眈眈。徐克的黃飛鴻電影顯然細說了香港在中外矛盾之下的定位，以及所經歷的文化衝突。這一點可反映嶺南文化是香港的傳統文化來源。而《獅王爭霸》中嶺南地區常用的舞獅、舞龍和舞蜈蚣等儀式，使觀眾更能了解電影創作背後隱喻的南北關係，亦即中港關係。

昔日黃飛鴻在廣州並不為人熟悉，記載不多，其兒子照片也多次被誤認為他本人的照片；另外，雖然黃飛鴻在廣州西關創設了寶芝

---

40 麥勁生：〈黃飛鴻 Icon 的本土再造〉，頁 93-94、96。
41 Siu Leung Li, "Kung Fu: Negotiating Nationalism and Modernity," *Cultural Studies*, vol. 15, no. 3-4 (2001), p. 516.

林，但 1924 年的商團事件導致寶芝林被燒，他死後還要依靠眾人籌款才得以安葬。[42] 可見黃飛鴻的武術，在清末民初的廣州並沒有電影所描寫的那麼具有地域優勢，為人讚賞。電影描述的黃飛鴻對嶺南社會和文化的貢獻，恐怕與實際的有一定距離。可是，不同年代的黃飛鴻電影，卻成功令被視為「南拳武術代表」的洪拳更廣泛傳播，也吸引不少人在香港學習南派武術，影響後來廣州一帶對武術的保育。例如：2000 年佛山成立了黃飛鴻紀念館；江門蔡李佛拳今天已成為了中國國家級非物質文化遺產代表作，更被視為南方武術的非遺代表；[43] 而湛江洪拳、惠州李家拳、廣州詠春等都成為省級非遺項目。同時，香港的非遺清單都有收錄這些重要的武術流派，促使大眾更關注這些武術的傳承。這些嶺南武術項目獲得國家、廣東省及香港特區的重視，無疑與香港電影的再現有密切的關係。

四、從黃飛鴻到葉問的再現

1970 年代是香港功夫電影的奠基期，當時邵氏的《龍虎鬥》和李小龍（1940–1973）的《精武門》可以說是香港功夫電影的雛形，電影故事恩怨分明、打鬥場面淋漓盡致、人物角色性格突出，讓觀眾在觀感上有極大的滿足；到了 1980 年代，功夫電影發展更為蓬勃，通過與中國內地的合作項目如《霍元甲》、《少林寺》等，受到了空前的關注；緊接在 1990 年代，香港的功夫電影更是高潮迭起，拍出一套接一套的

42　張彧：《香江飛鴻》，頁 15、33–36。
43　關於蔡李佛拳的傳承，可參考湯立許、蔡仲林、秦明珠：〈蔡李佛拳非物質文化遺產的內涵及傳承〉，《體育學刊》，第 18 卷，第 5 期（2011 年 9 月），頁 114–118。

影壇佳作，不同年代均有不同類型的黃飛鴻、葉問、方世玉（生卒不詳）系列的武俠傳奇，成就了一套又一套膾炙人口的作品。

　　功夫電影取得空前成功的背後，很大程度上是源於一個外在因素 —— 嶺南文化的核心區域廣東。香港功夫電影中的英雄人物，包括黃飛鴻、葉問、[44] 方世玉、[45] 洪熙官（生卒不詳）等，都為實際存在或民間傳說中為人熟悉的廣東人物；[46] 電影背景集中在廣州、佛山、中山等地，場景佈置設定在清代中後期的嶺南武館、商舖、祠堂、茶居等，當中亦滲透著極具辨識度的嶺南特色民俗活動，且不少成為了非物質文化遺產清單中的項目，如舞獅、粵曲及龍舟競渡等。[47]

　　侯孝賢先生曾經說過：「電影是一種鄉愁。」[48] 為什麼香港的功夫電影會滲透著這麼多的嶺南元素呢？關鍵原因是香港可以說是嶺南的一部分，而戰後定居香港的居民大多來自廣東，以粵語為母語。這些百姓離

44　葉問，佛山人，早年跟隨詠春宗師梁贊（1826–1901，又稱贊先生）的徒弟陳華順（1849–1913）習武，二次大戰前曾在香港讀書，不久回到廣東從事不同的行業，閒時與同好交流武術。因其曾於國民黨系統工作，戰後遷居香港，並在同門支持下成立了「詠春聯誼會」，奠下香港詠春發展的基礎。關於葉問生平，可參看李家文：《武藝傳承：香港葉問詠春口述歷史》（香港：三聯書店，2021）。

45　方世玉是廣東民間流傳的武術家，沒有足夠的史料支撐是否真有其人，其事跡出現於洪門會書《西魯傳說》和武俠小說《萬年青》之中。《萬年青》是講述乾隆帝微服出巡江南的故事，其關於方世玉的記述，也是來自於《西魯傳說》。因此，方世玉是否真有其人，實無從考證。

46　洪熙官與方世玉都是少林派人物，《萬年青》一書均有所記載。相傳洪熙官是洪拳的始創人，但沒有具體文獻記載其武術傳承的歷史。2013 年，有國內傳媒明查暗訪，發現了疑似是洪熙官的墓地。關於此，詳參黃健源、劉鵬飛：〈洪家拳入選區級「非遺」洪熙官墓真偽對比 DNA〉，《人民網》，2014 年 5 月 30 日，http://culture.people.com.cn/n/2014/0530/c22219-25085534.html，瀏覽日期：2022 年 6 月 30 日。

47　徐桃：〈香港功夫電影的本土化構型及其嶺南文化重塑〉，《鹽城師範學院院報（人文社會科學版）》，第 42 卷，第 2 期（2022 年 3 月），頁 106–114。

48　姜寶龍：〈專訪侯孝賢：電影是一種鄉愁〉，《北京電影學院學報》，2007 年第 6 期，頁 57–60。

鄉別井，尋求安定，對家鄉有所思念，成長均與嶺南的各種生活文化相關。因此，香港早期的電影和電視元素，均與嶺南的一些民間傳統、傳說相關。換句話說，香港是在嶺南文化孕育下成長的，所以從某些角度看，香港和嶺南原就是一體的。電影內容或純粹虛構，但劇本創作往往有一定的根據，題材可能涉及歷史、宗教或藝術。若當中的主角是我們所熟悉的，觀眾的投入程度一定有所增加。1930 年代起，小說、報章連載黃飛鴻的故事，令其在粵港兩地為人熟知，所以，香港在拍攝第一套的功夫電影時，才選擇了黃飛鴻為主角。[49] 此後，方世玉、葉問等鼎鼎大名的廣東英雄相繼成為香港功夫電影中的主角，創作人在選材時除了因為他們有一定的故事性外，亦可能是一種思鄉的情緒。

其中，香港非遺清單項目之一「葉氏詠春」的重要代表葉問，就是成長於廣州，後移居香港的武術家。葉問最初被大眾認識，是因為他是著名武打演員李小龍的師父，但過去卻未有太多影視作品以他的故事及詠春作為創作主題，故詠春項目亦未有被人留意。2002 年，王家衛宣佈拍攝《一代宗師》，以葉問在佛山和香港的故事，來呈現葉問傳奇。2008 年，葉偉信執導的《葉問》較王家衛的《一代宗師》更早於大銀幕上映，使大家對葉問的認知以甄子丹飾演的民族英雄式葉問為主。王家衛執導的「葉問」則是一位不斷自我感慨與悲嘆的「宗師」，與前者對武術作為保家衛國手段的思考截然不同。不過，無論是王家衛版還是葉偉信版的葉問，編寫的故事都圍繞著葉問在佛山成名及後來移居香港

49 윤영도（尹泳祹）：〈1950 년대 황비홍 현상의 문화 사회사적 맥락 연구〉（1950 年代黃飛鴻現象的文化社會史的脈絡研究），《중어중문학》（中語中文學），第 54 輯（2013 年 4 月），頁 331–353。

所面對的處境。這些電影中的功夫及橋段，除了讓觀眾能夠感受香港與嶺南之間的緊密聯繫外，同時也把香港作為嶺南與世界之間的連結，刻劃成「本土、家國、世界」的方向。[50] 例如葉偉信版的葉問，先是居住在佛山，後暫居於澳門，之後香港，最後美國，香港恰似是一個嶺南文化的代表，和世界互動、對話。

　　這些電影不只在意象上把香港與嶺南的風俗連結，也在實際上推動了非遺項目在本地及全球的傳承。葉問曾聯同弟子們組成詠春體育會，是香港 1960 年代最早期的國術團體，而葉問式詠春是香港詠春拳的主要流派，其弟子們也是從葉問起作源流，稍為改良一些較實用的詠春拳。葉氏父子隨著詠春在《葉問》、《一代宗師》得到大眾關注後，在香港開辦更多詠春訓練及興趣班，有些紀律部隊甚或航空公司，也把詠春納入技擊訓練的一部分，作為處理突發事件的員工訓練。[51] 這些組織從眾多技擊武術中選擇了詠春，除了是肯定詠春的價值外，也因電影的傳播把詠春變成香港最為人熟知的本土嶺南武術。近年甚至有大學特意拍攝紀錄片，探討詠春傳承及保育的問題。[52] 由此可見，虛構的電影橋段雖放大及誇張了詠春某些技巧，遠離了詠春拳的本質，但卻使詠春拳更有效地傳播，使更多人關注、學習，增加大眾對學習詠春的興

50　徐桃：〈香港功夫電影的本土化構型及其嶺南文化重塑〉，頁 114。
51　"High-kicking Cabin Crew Using Wing Chun to Defend Against Aggressive Passengers," *South China Morning Post*, May 13, 2013, https://www.scmp.com/lifestyle/family-education/article/1228465/high-kicking-cabin-crew-using-wing-chun-defend-against, accessed May 30, 2022.
52　〈樹仁大學花近 4 年製作紀錄片傳承詠春　葉問兒子葉準到校耍功夫〉，《香港 01》，2019 年 4 月 6 日，https://www.hk01.com/sns/article/314982，瀏覽日期：2022 年 5 月 31 日。

趣。[53] 就如《一代宗師》對白：「憑一口氣點一盞燈，要知道念念不忘，必有迴響，有燈就有人。」[54] 電影無形中為武術、功夫帶來了這樣的傳承意義。

五、香港電影裏不同種類的非物質文化遺產

近年，港產片或內地與香港合拍電影的製作人，均希望展現香港的本土文化，一些本地獨有的華南文化項目如香港的非遺項目，於是常常被應用於電影故事當中。2009 年，由林超賢執導並於次年上映的《火龍》，除了講述兩位「火爆」的警察調查案件之外，最後的追逐戰刻意選址於大坑，主角黎明及任賢齊需要穿過點滿香火的火龍，拍攝追逐戲份。嶺南各客家社群中獨有的舞火龍，在香港已扎根過百年，但當時很少人知道舞火龍的意義。導演在幕後花絮中特別解釋，[55] 他希望利用舞火龍的驅瘟傳說提示人們應該要驅走自己心中的瘟疫，例如，電影中的兩位主角在經歷一連串事件後，如何克服自己的心魔。故大坑舞火龍不只為社區人士帶來歸屬感及身分認同，其驅瘟的傳說也使香港電影橋段能夠有更好的表述，以一個具有本土特色的習俗，表達喻意及呈現獨特場景。

53　關於電影《葉問》的虛與實，詳參李家文：《武藝傳承》，頁 237–248。
54　此對白的意思指，只要有人繼承前人的意志，總會有後代傳承相同的精神。參〈留一口氣，點一盞燈 —— 香港武術的新篇章〉，《香港 01》，2019 年 4 月 26 日，https://www.hk01.com/sns/article/322273，瀏覽日期：2022 年 5 月 31 日。
55　〈寰亞電影：《火龍》製作特輯 —— 每一個心中都有一團火〉，Youtube 網站，2010 年 3 月 18 日，https://www.youtube.com/watch?v=vSHNbvrnpK0，瀏覽日期：2022 年 5 月 30 日。

為了體現舞火龍的真實面貌，當時拍攝方邀請了所有恒常參與舞火龍的街坊來舞龍，來確保拍攝的質素及與舞龍隊的默契。電影公司在花絮中詳細介紹舞火龍的起源、紮龍經過及其文化意義。電影以舞火龍為主題，成功向大家介紹這個後來被旅發局大力推廣的旅遊項目。巧合的是，《火龍》上映後一年，大坑舞火龍也被列入為國家級非物質文化遺產。

　　2007 年上映，由吳鎮宇自導自演的電影《醒獅》，是 21 世紀港產電影中少有以舞獅技藝為題材的作品。吳鎮宇曾接受訪問指：「中國原是沉睡的巨龍，香港則是一條醒獅，現在巨龍醒獅卻在睡，再這樣下去不會再有代表南方的獅子，而只有北獅，故要藉電影跟香港人去討論這現象。」[56] 電影上映時，並沒有在香港市場帶來很大的迴響。但正如黃飛鴻「南獅」一樣，這電影把「舞獅」這種源起於嶺南的民俗，轉化為香港文化的代表詞。

　　另一齣由吳鎮宇主演的《逆流大叔》，以香港非遺清單項目之一的龍舟競渡作為題材拍攝。《逆流大叔》焦點在中年人士面對的困境：主角們面臨公司裁員，危機之下，他們需要參加龍舟競渡來增加自身的存在價值，藉此避免成為裁員對象。雖然龍舟競渡是流行於華南地區的民間風俗，但如上一章所指，在 1980 年代時，香港旅遊協會嘗試把龍舟競渡打造成香港的標誌性活動。這套電影以龍舟競渡激勵男士們克服中年危機，就算最終結果並未完滿，但參與比賽的過程才最重要，正如電

---

56 〈《醒獅》自導自演 吳鎮宇「拯救」秋生〉，《文匯報》，2007 年 1 月 22 日。

影對白所說一般：「上得船，我哋淨係要做一樣嘢，就係跟你個鼓聲向前行！」龍舟競渡是香港最熱鬧及刺激的傳統文化項目之一，而《逆流大叔》成功把龍舟競渡的傳統形象轉化入流行文化作品中，表述努力奮鬥的價值和意義。

近年香港還專門為嶺南非遺項目拍攝紀錄片，希望讓大眾深入認識傳統非遺項目在香港的價值，以及了解嶺南文化和本地習俗。例如，2019 年由卓翔執導的紀錄片《戲棚》，是一套沒有對白、旁白，只有影像及背景聲音的紀錄片，希望以全新角度讓觀眾了解這個嶺南的傳統風俗，為重要的技藝留下記錄。我們對於粵劇並不陌生，粵劇是嶺南大地經過幾百年孕育出來的藝術結晶，是人類非物質文化遺產，深受大眾歡迎。每逢過時過節，特別在廣東、廣西地區，都會有大戲演出。平日我們討論粵劇時，可能只會在意表演哪一齣劇目、哪一位小生花旦文武生等，卻忽略了粵劇表演中一個重要的元素，即同為非物質文化遺產的「戲棚搭建技藝」。

戲棚，一座座以竹竿搭建而成的臨時劇場，每年都會出現在香港不同的角落、漁村、鄉鎮甚至市區，這是早於 150 年前已在香港出現的文化場所，是香港獨有的非物質文化遺產，集戲棚搭建技藝、民間風俗及戲曲藝術於一身。[57] 卓翔導演為讓觀眾以第一身的角度由零開始認識戲棚、了解粵劇，在片中令觀眾化身為搭棚師傅，見證戲棚的搭建。卓翔又認為紀錄片不一定要拍攝一些突發的事情吸引觀眾的眼球，反而希

---

57 〈戲棚〉，西九文化區網站，https://www.westkowloon.hk/tc/bamboo-theatre#overview，瀏覽日期：2022 年 5 月 17 日。

望記錄戲棚的日常，讓觀眾真實地了解這個嶺南文化，以及粵劇的另一面。[58]

　　由此可見，嶺南文化可以說豐富了香港的電影，提供大量的素材讓創作者發揮。香港在 19 世紀以前只是個偏僻的小島，所以嶺南文化的確為本地文化創作提供了不可或缺的素材；另一方面，傳統的嶺南文化亦因為香港電影而得到宣傳，大眾可以認識不同範疇的嶺南文化。香港的獨特，使得傳統嶺南文化可以融合現代文化發展。

六、香港流行曲中的嶺南文化

　　傳統中國文學一向予人嚴謹認真的感覺，從《詩經》、《楚辭》到後來的唐詩、宋詩，都要求平仄押韻，每字每句都有特定的要求。這樣看來，與我們所認識的粵語流行曲似乎差異極大。嶺南地區與中原大陸有著遙遠的距離，在一般古籍中，嶺南被視為是落後、沒有文化的地方，甚至有中原人認定嶺南為南蠻之地，如《禮記》指出：「南方曰蠻，雕題交趾，有不火食者矣。」[59] 意思是南方人沒有文化，紋身、男女共浴，甚至不生火煮食，這些習慣和中原文化有極大差異，所以被稱之為「南蠻」。南方文化因為長久以來不受重視，應運而生的嶺南文化就少了一點中國傳統文化的拘束，多了一份「世俗感」，即與生活更貼近。以粵劇、南音等嶺南非遺為例，他們都圍繞著大眾的日常生活，這

58 〈《戲棚》——導演卓翔專訪〉，Youtube 網站，2020 年 4 月 9 日，https://www.youtube.com/watch?v=REd8lOMJEAc，瀏覽日期：2022 年 5 月 17 日。
59 鄭玄注：《禮記正義》，卷 4，〈王制〉，頁 1337。

份「世俗」就深深影響了香港的音樂文化。

在粵語流行曲出現之前，香港人聽的音樂有粵曲、國語歌、歐美流行曲等。但 1920 至 1930 年代，香港開始受到西方電聲科技和娛樂文化的影響，[60] 上舞廳、看電影成為當時新興的娛樂。[61] 那時候仍未有「粵語流行曲」的概念，但因為新元素的影響，衍生出一門新的曲類風格。黃壽年（ ？–1953）開創先河，將生活化的元素帶入音樂中，並以口語作歌詞表達，例如他的作品〈壽仔拍拖〉：

> 有個女子，瓜子口面。佢係東方，我係西邊。大家分離，真是可憐。叫佢番黎，見下我面。

> Some likes sweetie，Some likes money，你要蜜糖，我要仙士。Blow the whistle，吹下啤啤，兩家 talkee，揀個日子……[62]

口語加上中英夾雜，與當時流行的粵劇或地水南音有極大的分別，是創新的曲目。後來的作品如〈壽頭壽腦〉、〈壽仔拜年〉等也屬類近的風格。黃壽年的作品「鬼馬」、「搞笑」，受到港人的歡迎，有兩首作品皆打入當時《新月曲集》第二期〈新月五期片榜揭曉〉首 15 位，〈壽頭

60　電聲科技是通過電子技術，使原聲音樂增添層次及變化的技術，利用了電子樂器如電傳簧風琴、電結他等，又或是利用電腦處理聲音而創作的作品。

61　黃湛森：〈粵語流行曲的發展與興衰：香港流行音樂研究（1949–1997）〉（香港：香港大學亞洲研究中心博士論文，2003），頁 16–45。

62　此段轉引自黃志華：《原創先鋒：粵曲人的流行曲調創作》（香港：三聯書店，2014），頁 21。

壽腦〉居第 6 位、〈壽仔拜年〉排第 13 位，[63] 可見這新的歌曲風格在當時形成一個新的趨勢。當時的大眾媒體並不接受這種口語化粵語歌的風格，可是，作為保存地域方言來說，這些歌曲有一定的文化傳承意義。戰前的香港，沒有受國民政府推動的國語運動影響，粵語能夠藉新興歌曲，以錄音的方式傳承下去。

　　戰後初期，香港受西歐音樂和上海國語音樂的影響，粵語歌曲未得到主流認同，而將黃壽年的鬼馬風格發揚光大的是許冠傑。許冠傑是香港著名的音樂人、創作歌手，[64] 甚至可以說他開展了香港流行音樂文化一個新的里程，所以他亦有「香港流行音樂鼻祖」及「歌神」的稱號。[65] 1970 年代以前，香港的主流音樂是西方英文歌曲和臺灣國語歌曲，本地粵語歌曲一般會被視為「鄉下人」的玩意。[66] 1974 年許冠傑第一張粵語專輯《鬼馬雙星》徹底改變了香港流行音樂的文化，他的歌曲全都譜上了地道的口語歌詞，加上輕快的旋律，貼近升斗市民的內容。除〈鬼馬雙星〉外，膾炙人口的作品還包括〈天才與白痴〉、〈半斤八兩〉、〈財神到〉等等，雖然經歷了幾代人，但有不少歌曲現在仍受歡迎，例如每逢農曆新年，都必定會聽到：

　　　　財神到，財神到，好心得好報。財神話，財神話，搵錢依正路。

63　黃志華：《原創先鋒》，頁 21–22。
64　關於其推動粵語流行曲的成就，可參考黃湛森的分析。詳參黃湛森：〈粵語流行曲的發展與興衰〉，頁 115–128。
65　Ricardo K. S. Mak and Catherine S. Chan, "Icons, Culture and Collective Identity of Postwar Hong Kong," *Intercultural Communication Studies*, vol. 22, no. 1 (2013), pp. 163–165.
66　黃湛森：〈粵語流行曲的發展與興衰〉，頁 95–114。

財神到，財神到，好走快兩步。得到佢睇起你，你有前途。

香港的「打工仔」經歷某些低潮的時候，心中都會奏起一首〈半斤八兩〉：

我哋呢班打工仔，通街走糴直頭係壞腸胃。
搵嗰些少到月底點夠洗（冇過鬼），確係認真濕滯。
我哋呢班打工仔，一生一世為錢幣做奴隸。
嗰種辛苦折墮講出嚇鬼（死俾你睇），咪話冇乜所謂。

許冠傑將世俗的粵語文化完美融入流行歌曲中，將香港流行音樂文化的主流由英文及國語歌曲轉為本地粵語歌曲。許冠傑的作品不避通俗，以地道的口語唱出一首又一首的經典，反映基層市民的實況，開創了一個新的流行歌曲文化。而粵語在沒有語言政策限制的香港流行樂壇中，得以存留下來。時至今日，廣東或嶺南文化圈中，已鮮有純粵語的新作品，但香港樂壇仍然以廣東歌為主調，粵語藉此得以傳播。粵語作為非遺項目，在流行音樂文化的傳播下得以傳承。

嶺南文化除了為香港的流行音樂文化帶來了一份世俗感之外，其實也有其他的影響。當中粵曲文化在曲、詞、樂器、演唱等方面，也為香港的粵語流行歌曲創作奠下基礎。香港著名音樂人黃霑（1941–2004）在其博士論文〈粵語流行曲的發展與興衰：香港流行音樂研究（1949–1997）〉中分析道：「香港的流行音樂是一個『處處粵曲聲』的時代，大部分的創作人，無論是從事作曲、填詞或演唱的，都是在這個背景下成長的。多年的潛移默化形成了一種根深柢固，驅之不去，洗之不清，

令表面看起來頗為洋化的粵語流行曲，骨子裏都醞釀著傳統戲曲的元素。」[67] 就以黃霑填詞及作曲的〈滄海一聲笑〉為例，此曲後來成為一首家喻戶曉的具中國文學韻律的歌曲。〈滄海一聲笑〉以中國傳統五聲音階寫成，入曲前以古箏、橫笛等中樂器作起始，使得此曲展現傳統文學與戲曲的鋪陳感染力；又有簡單易唱及琅琅上口的流行曲歌詞，被朱耀偉評為「寓豪氣於灑脫之中」。[68] 聽眾能通過歌曲，沉醉在這種豁達和開朗的畫面中，與粵劇、粵曲有幾分相近。

畢竟粵曲、粵劇在香港仍有一定市場，故經常與流行曲相結合；但香港另一個被列入非遺代表作名錄的項目南音，則較少與當代流行曲有所結合。2020 年，張敬軒的「張敬軒 X 香港中樂團盛樂演唱會」，曾把地水南音一代宗師杜煥（1910–1979）的作品〈憶往〉結合在其歌曲〈披星戴月〉之中，開始了張敬軒與南音之間的因緣。張敬軒在演唱會中介紹：

> 接著下來讓我介紹一下一位朋友給大家認識，他是上世紀七十年代——其實他主要活躍的是在四十至五十年代，是香港一名非常有代表性的地方藝術家，他的名字是杜煥。

> 杜煥先生早年在四五十年代主要在油麻地廟街一帶的大煙館裏唱曲，他會坐在門口，一些老闆路過要來吃大煙，想找人唱曲來助興，就會打賞他幾文錢讓他唱歌。直接到五零年代開始，這

67　黃湛森：〈粵語流行曲的發展與興衰〉，頁 40。
68　朱耀偉：《詞中物：香港流行歌詞探賞》（香港：三聯書店，2007），頁 46–47。

種文化藝術受到一些文化機構的重視，所以香港電台在那時候就給了第　　份穩定的職業給杜煥先生，給杜煥先生在香港電台錄製他的節目，每天都會有一些地水南音，也就是他唱的小曲，會播給聽眾聽。

　　到六十至七十年代，Beatles 開始興起，當西（方）流行音樂已經風靡整個香港的時候，很自然這種地方藝術又突然變回小眾的民間表演，杜煥先生又再一次流落街頭，這次他沒上次幸運，這次他要在上環甚至西營盤一帶的紅燈區去表演。直至到七十年代初開始，他就在上環水坑口街的富隆大茶廳 —— 現在已經拆掉 —— 在那裏唱小曲給大家聽。他是在 1979 年離開我們的，幸運的是他離開之前他的藝術得到很多學者的重視，所以今天我們今晚也很榮幸得到著名學者榮鴻曾博士的首肯，將杜煥先生一些很重要很珍貴的錄影和錄音帶來這裏與大家分享，亦都藉著我自己的這一首作品，去懷緬杜煥先生奔波、坎坷，和豐盛的一生。[69]

本章刻意引用張敬軒對杜煥一生的介紹，希望展現出流行文化是大眾接觸傳統文化的重要途徑之一。歌手特別的介紹，某程度上吸引更多人關注文化保育議題，也可以說明流行曲歌手的支持，能促進大眾關注非遺重要習俗和表演傳統，甚至可以把這些傳統曲藝帶到「音樂殿堂」紅磡體育館的舞臺上。張敬軒對地水南音的重視，沒有只停留在一次演唱

69　此為張敬軒在演唱會上的逐字稿。另參〈《張敬軒 X 香港中樂團盛樂演唱會 2020》紅館內的跌盪與釋放〉，《LINE TODAY》，2020 年 11 月 25 日，https://today.line.me/hk/v2/article/2q2wxX，瀏覽日期：2022 年 5 月 31 日。

會的表演中。2021 年，張敬軒進一步與作曲人伍卓賢、作詞人黃詠詩和粵劇藝術家阮兆輝合作，創作了新歌〈魂遊記〉，並將於下文補充說明。[70]

現時無論是廣東省、澳門還是香港的非遺代表作名錄中，南音都佔一席位，澳門的「南音說唱」項目更被收錄在國家級非遺項目名錄之中，反映廣東珠江三角洲一帶曾經流行說唱音樂。昔日南音在粵港澳三地的民間都頗為流行，是一種約於清末民初時興起的傳統說唱音樂，一般分為地水南音、戲曲南音和老舉南音等，[71] 又以地水南音最為人熟悉及流行。南音一般都是一人自彈秦胡、椰胡等樂器的說唱，演唱者多是失明藝人，男稱瞽師，女稱瞽姬或師娘。表演場所大多在茶樓、煙館、酒館、風月場所等消遣場地。戰後香港電台的杜煥南音及澳門綠邨電台的王德森南音等，[72] 把南音從日常表演轉化為廣播藝術。可惜的是，電臺廣播不能讓南音得到長遠的發展，與新式流行文化媒介抗衡；隨著粵曲和流行曲通過電視、電臺、電影等平臺廣泛傳播，南音日漸式微，基本上只是藝術和戲曲圈人關注的話題。[73]

---

70 〈張敬軒阮兆輝跨界合唱將南音融入流行曲 蔡思韵拍 MV 整喊張蚊個女〉，《香港 01》，2021 年 4 月 28 日，https://www.hk01.com/ 眾樂迷 /609876/ 張敬軒阮兆輝跨界合唱將南音融入流行曲 - 蔡思韵拍 MV 整喊張蚊個女 /，瀏覽日期：2022 年 5 月 30 日。

71 地水南音來自卦名（大多因為以往的瞽師都操占卜業），只指一些以弦箏、椰胡、拍板、洞簫等樂器伴奏的說唱表演。戲曲南音則是只唱不說的南音，文字較為文雅，音調和伴奏形式都與粵曲相近。老舉南音指當時在妓院、茶樓等風月場所由妓女所唱的南音，與地水南音分別之處在於地水南音通常指由瞽師所表演的南音。關於此，詳參譚美玲：〈廣東原生態歌謠說唱南音的傳承〉，《文化雜誌》，第 74 期（2010），頁 37-58。

72 李潔嫦：〈香港地水南音初探〉（香港：香港中文大學音樂系哲學碩士論文，1998），頁 19-28。

73 李潔嫦：〈香港地水南音初探〉，頁 95-96。

隨著大眾對非遺保育的重視程度增加，以及不少保育團體的提倡，地水南音再次獲得了香港市民的關注，出現多種不同形式的活化。如有文化團體獲政府資助到香港 18 區巡迴表演，[74] 又有茶館劇場等新穎的表演方法。[75] 而流行曲中，南音也經常被引用。2005 年，方大同與林夕合作的作品〈南音〉，以無錫音樂人「阿炳」的故事為主軸，講述這位失明的道士落難到風月場所賣藝。阿炳所表演的，是當時流行於江南一帶單獨以琵琶彈詞演唱的曲藝，與廣府流行的南音曲藝相近，也就是廣義的「南音」。而方大同這首像是「阿炳」自述的流行曲，成為流行樂壇第一次正面描寫南音的作品。

2021 年的〈魂遊記〉，是香港樂壇第一首直接把地水南音與流行曲跨界混合而創作的作品。粵劇藝術家阮兆輝在訪問中指出，[76] 他自小喜愛在街邊聽南音，在微風雪雨時聽南音感覺更為深刻；他曾於 1980 年代錄製一些南音唱片，但未有結合現代流行曲的主調。這一次阮兆輝明言希望通過與流行樂壇合作，來推廣南音傳統。就此，阮兆輝邀請了作曲人伍卓賢、填詞人黃詠詩和歌手張敬軒，共同創作〈魂遊記〉。〈魂遊記〉引用了道教科本《玉山淨供》的部分內容：「夕陽西下水東流，物換星移幾度秋，形貌何處魂自返，韶光倏忽恨難留……奉請魂兒登

---

74 〈唐小燕獲贊助十八區推廣《地水南音》〉，《文匯報》，2020 年 1 月 5 日，http://paper.wenweipo.com/2020/01/05/XQ2001050003.htm，瀏覽日期：2022 年 7 月 1 日。

75 〈茶館劇場「粵‧樂‧茶韻」〉，西九文化區網站，https://www.westkowloon.hk/tc/teahouse#overview，瀏覽日期：2022 年 7 月 1 日。

76 〈與阮兆輝合譜城市安魂曲 張敬軒：「南音就如現代的 R&B。」〉，《文化者》，2021 年 4 月 14 日，https://theculturist.hk/ 展訊 / 與阮兆輝合譜城市安魂曲 - 張敬軒「南音就如現代的 /，瀏覽日期：2022 年 7 月 13 日。

練度，乘空攝景上瀛洲。」[77]

南音過往多為嘆詠之作，展現哀怨無奈之感，而填詞人黃詠詩以靈堂的招魂曲作開首，成為大家在歌曲裏接觸南音的切入點，聽眾能夠感受到南音獨有的淒涼和對生命的無奈。阮兆輝在此曲特意採用「沙啞聲」唱出南音，而非他一般常唱的粵曲聲線，仿效的應是昔日瞽師杜煥的聲線。[78]而張敬軒在講述是次南音與流行曲的合作項目時，則以節奏藍調（Rhythm & Blues, R&B）來形容南音在香港的角色。節奏藍調是一種結合傳統非裔音樂人的創作與爵士、藍調等現代節奏的音樂種類，是一種在美國介乎傳統與現代之間的流行音樂，時至今天節奏藍調已在全球各地極為流行，包括香港。

在英國殖民管治下，英文成為香港的法定語文，順理成章地，英文歌曲亦成為香港的主流音樂。在 1950 年代，大量來自中國內地的移民來到香港。他們大部分原居嶺南地區，教育程度較低，有些甚至目不識丁，更遑論可以明白英文歌曲。但在香港工業化、城市化等背景的推動下，大眾娛樂文化應運而生，香港先後有黃壽年、許冠傑、黃霑等人，將嶺南不同的文化元素帶進香港流行音樂文化中，創立一個新的流行音樂文化，既有嶺南的傳統特色，又滲透著香港的現代特色。近年的流行樂壇，也特意把日漸消失的嶺南傳統音樂重新包裝，嘗試轉化為新的作品，其中張敬軒與阮兆輝的合作，無疑說明了地水南音結合現代流

---

77 《玉山淨供》（澳門吳慶雲道院藏中華民國七年歲次戊午［1918］仲秋［八月］穀旦重刊鐵城逸德堂藏板本），頁 66b。
78 杜煥有食鴉片習慣，故沙啞聲線為其吸煙後遺症。

行曲的表述方式也能受聽眾歡迎。可見，流行文化與傳統文化並不相悖，反而流行文化能夠使非遺中的部分表演藝術重新獲得關注。

七、香港動漫中的嶺南文化

漫畫以圖像為主，展現資訊。文化演進過程中，以圖為主、以文為輔的漫畫，不但獲得大眾認同，也與社會的時代面貌及文化變遷息息相關。[79] 范永聰曾以黃玉郎《新著龍虎門》為探討對象，[80] 觀察香港漫畫如何呈現廣東文化形象，試圖了解港漫作為一種本土文化產物，如何傳承地域民俗文化。[81]

范永聰認為廣東文化本身是複合文化，充分體現了文化融合的特質，故《新著龍虎門》的橋段及招式都可經常見到傳統與現代結合的部分。[82] 此外，在漫畫中經常採用粵語（廣東話），較少使用書面語或文雅句子。同時，他亦指《新著龍虎門》中最為特別的場景，往往都是有嶺南民俗文化特色的平臺，如第一號場景就是長洲太平清醮的節慶，以五座包山場景來展現這個廣東傳統習俗。[83] 與武俠電影一樣，港漫最令人期待的是漫畫家如何繪畫各種技擊。而《龍虎門》是港漫歷久不衰的技擊漫畫代表，當中又經常細緻地描寫及呈現傳統嶺南武術代表——詠春。

---

79 范永聰：〈「港漫」中的廣東文化形象〉，收入文潔華編：《香港嘅廣東文化》，頁 53。
80 《新著龍虎門》於 2000 年開始連載，前身是《龍虎門》，該書蛻變自黃玉郎 1970 年開始連載的舊著《小流氓》。范永聰：〈「港漫」中的廣東文化形象〉，頁 55–56。
81 范永聰：〈「港漫」中的廣東文化形象〉，頁 54。
82 范永聰：〈「港漫」中的廣東文化形象〉，頁 52。
83 范永聰：〈「港漫」中的廣東文化形象〉，頁 63。

此外，已停止連載的漫畫中，也有不少作品是以嶺南相關武術項目為主題的。如黃玉郎最大的競爭者上官小寶曾受李小龍電影的精彩演出啟發，出版《李小龍》一書，成為香港技擊漫畫的開創者，及後他亦聯同牛佬於 1977 年出版《洪拳》一書。香港技擊漫畫重視視覺上的享受，仿照美式英雄漫畫人物故事創作；但是大眾一般未必接納歐美和日本的武打風格，反而一些起源自嶺南傳統的武術像詠春、洪拳等則為人所認識。[84] 於是，這些技擊漫畫的主題雖然不一，但往往其主角的招式技術都是傳承自嶺南武術。

武術當然最常反映在香港漫畫的設計中，以連結香港與嶺南的關聯。但就香港動畫來說，則以謝立文、麥家碧夫婦創作的動畫（由漫畫《麥嘜》所發展），最能夠看到香港本地文化的再現。2001 年，香港原創動畫電影《麥兜故事》，把 1997 至 1998 年電視動畫《麥嘜春田花花幼稚園》的部分內容結合，改編成電影動畫。這套動畫把香港當時申辦亞運的故事作為背景，提到了一些與香港日常生活、節慶文化相關的話題，部分故事內容提及麥兜希望成為繼奧運金牌運動員李麗珊後的另一個世界冠軍。

1996 年阿特蘭大奧運會，李麗珊在滑浪風帆項目中為香港摘下首面奧運金牌，香港社會漸形成一股運動熱；1999 年香港希望申辦亞運會，加強社會凝聚力及團結精神。可惜，這次的申辦最終未能成功，而《麥兜故事》也特意製作了一段香港人申辦亞運失敗後的感受的動

84　Wendy S. Y. Wong, *The Disappearance of Hong Kong in Comics, Advertising and Graphic Design* (Cham: Palgrave Macmillan, 2018), pp. 30–31.

畫。一般來說，任何運動會都會就該地區的獨特文化與主場優勢，新增一些比賽項目，成為當屆的比賽賽事。例如 2020 年東京奧運，日本將空手道列為參賽項目之一。而《麥兜故事》動畫中，麥兜的母親麥太得悉兒子獲李麗珊的師傅黎根傳授搶包山而非滑浪風帆後，便寫信給亞奧會，爭取將搶包山列為亞運項目。故事雖然是「惡搞」（甚至惡搞口號由「Hong Kong for Sure!」為「Hong Kong for Bun!」），但是搶包山卻因為《麥兜故事》而重獲大眾關注。正如動畫中黎根所說：「希望佢（麥兜）能夠將我哋長洲人世世代代嘅傳統發揚光大。」

動畫中也介紹了搶包山的歷史，講述搶包山活動因 1978 年的意外而被停辦。大眾可藉這一齣極具香港特色的動畫，重新想像這個奠基於嶺南、於全球享負盛名的節慶活動的盛況，喚起大家對傳統文化的重視。主角麥兜在動畫中說：「（搶包山）無人知道係運動嘅運動，最壞嘅情況係，連包山都冇。」這段說話巧妙地表述了因大眾日漸遺忘，終使傳統不被保育的結果。幸而因為《麥兜故事》，搶包山在闊別多年後，於 2005 年以比賽及嘉年華的形式復辦。隨著長洲太平清醮於 2011 年被列入第三批國家級非物質文化遺產後，搶包山及長洲太平清醮獲得旅客的青睞，最終為這個小島重新投入更多的活力。

八、小結

過去以文化研究角度探討流行文化時，都會著力思考文化產物如何影響消費行為，改變大眾的品味，無意識地影響或有意識地干預大眾的思想。同時，重視傳統文化保育的人士則普遍認為現代人只愛新鮮，不能細味傳統。

然而，本章指出流行文化是非遺項目的重要載體，各種源自嶺南的非遺項目，在香港獲得流行文化創作者的關注並應用在創作中，使傳統能以新的形態在大眾面前呈現，當中有不同程度的保留和創新，可以說是非遺為適應現代香港社會所作出的調整。本章從黃飛鴻等的功夫電影，探討非遺技藝如何在大銀幕上放大與展現，促進大眾認知後帶來的影響。同時，本章亦以不同主題的電影和推動傳統音樂的流行曲為例，探討流行文化與非遺項目之間的交錯，了解大眾與非遺之間的距離。此外，香港重要的動漫標記 ——《麥兜故事》的搶包山故事中，可發現非遺項目被記述於流行文化中，並由創作人藉著大眾對包山與非遺的認知，嘗試表達出不同的文化意象。

　　大眾在過往並不留意這些非遺項目，但經流行文化的包裝，使到這些非遺項目得到廣泛的討論，甚至促成一些保育的安排。就像地水南音，經阮兆輝與張敬軒的合作，使其得以在網絡廣泛傳播，獲得不少正面的評價。由此可見，流行文化不一定是傳統文化消失的元兇，反過來可能是推動傳統文化得以再現於大眾面前的重要載體。

本章作者

羅樂然

總結

本書大致上分為兩個部分。

第一部分是嶺南文化與風俗在古代的形塑，從地理、禮儀與文人書寫三個角度，結合一手及二手資料，回顧過往學者對嶺南的理解，以及香港傳統社會形式的見解，嘗試建構出香港各種非遺項目背後相連的嶺南脈絡。這些嶺南脈絡不只是一種背景的介紹，而是探討嶺南如何從「蠻夷之境」轉化為「教化之鄉」，從「非文明」轉化為「正統」的嘗試。這種變遷對於各種非遺項目的形成有舉足輕重的意義，至少昔日的社群不忌諱地繼續履行或延續他們的傳統，不論是口述傳統，還是節日及習俗傳統。

第二部分，是從香港如何傳承及表述這些嶺南習俗，理解嶺南如何被詮釋與認識，從而全面地了解香港各種非遺項目的地域文化根源及其變遷。其中，從移民歷史、旅遊文化及流行文化三個角度，都可以看到「嶺南」不只是一種文化認同建構的地理或環境背景溯源，而是作為香港對外建立一種「香港傳統」時的重要文化資源。無論是昔日移民社群在香港尋求文化憑藉、昔日海外遊客尋求香港不變的社會與傳統，還是當今大眾告訴別人自己的傳統故事時，不同種類的嶺南傳統與習俗，都是構成香港傳統的關鍵。

當代社會人士對於香港非遺的探討及研究，大多停留在以下三個層面，其一為介紹及欣賞，聚焦項目簡介和吸引眼球的部分；其二為政策及保育建議和分析，重點在於如何保護，或是如何受到威脅等；其三為民族志研究，華南學派、社會學家或人類學家保存了很多儀式與習俗上的傳統記錄，在探討非遺項目的歷史變遷研究上，有著舉足輕重的地

位。前兩者佔現時非遺探究最大的部分，最後者大多只把這些習俗，放進各學者的研究課題案例中，理解其社會網絡或社區關係，而非把「非遺概念」投放進去探討。因此，本書希望補充這幾種非遺研究方式，結合不同專家學者的理論與框架，融合各種不同的地方文獻、檔案資料及田野調查，嘗試展示非遺研究的新面向、新方法。

其中，非遺與地域文化的關係，歷年來都受到不少關注。可是，甚少研究會把這些非遺背後的地域文化剝繭抽絲。因此，本書嘗試探討嶺南作為一種地域文化，其演繹如何被地理環境影響；同時，又如何受到文人書寫的干預，而形成其獨特的文化資源。以上，可為一個社區或其社群的各種口述傳說、習俗形式、工藝等，提供合理的解釋。

另一方面，不少人說非遺可以結合旅遊或當代文化來保育，這是老生常談的事，但卻未經有系統的論證來回應相關的議題。本書嘗試拋磚引玉，為這些非遺研究鮮有涉獵的角度，提出分析框架，為未來相關的研究提供參考。

研究非遺不能忽略任何一種研究方法，所有方法缺一不可，包括田野調查、檔案檢索、口述訪問、掌握理論框架以及發掘地方文獻等。過去熱愛本地文化的民俗愛好者或非遺研究者，希望從欣賞、尋根究底的角度來探索非遺，但是非遺研究應被視為理解現代社會與傳統價值之間關係的一種學問，應該以更系統的方法把相關問題整理出來。

另外，筆者發現近年大專院校越來越重視文化遺產的研究，以文化遺產為主題的課程在香港越見豐富。同時，香港的文化教育也因香港

非遺項目擁有的豐富嶺南或中國色彩，吸引了不少坊間的教學團體或大中小學，經常使用非遺作為教學材料。可是，現時坊間頗難看到有完整的對非遺及其傳統和文化脈絡相關的專書。本書希望為這些有意研究或從事文化遺產行業的人士，提供較完整的視野和框架，欣賞與體會各種非遺項目。

最後，本書研究整理前人學者研究及相關一手材料後，對香港非遺與地域文化的關係，提出以下三個問題與讀者一同反思：

一，非遺傳統如何闡述為一種地域文化在現代傳承？除了介紹香港的各種非遺項目起源於嶺南各府縣外，我們亦可以探討當代的各種文化載體如何理解非遺，無論是商業、學術、政治、流行文化等，都會因相關脈絡的需要，產生不同的非遺傳統理解。

二，非遺項目是否必須限制於某一形式或某一地方？一些地域轉變、時空轉變甚或形態轉變，是否應該加以排除或定為一尊？在討論時應否一併探討？同樣的風俗，在今天廣東、澳門或香港，是否必須尋找一個「最正宗」或「最傳統」的文化？本書發現，地域文化本來就是不斷轉變的，連帶相關的非遺項目也是持續變化。我們不應問「哪一個是正宗」，而應問「到底是什麼原因造成相關的變化」。

三，非遺如何從落後或不被文人重視的習俗，慢慢被接受及應用為重要文化表述的手段，到現在成為權力機構作為建構人們文化認同的關鍵方式？我們可以看見權威性論述在非遺項目的形成過程中，所扮演的干預甚或支配角色。那麼作為非遺的參與者、研究者、旁觀者，應該

以一個怎樣的角度來理解相關的變化？通過口述歷史與地方檔案，我們可以理解權力機構因管治的需要，對某些文化的形態作出改變，如太平清醮強化包山節及飄色等較為有趣的內容來吸引遊客，無可避免地令打醮等傳統儀式被邊緣化。可是，如果我們能夠細心探索這些非遺項目的文化脈絡，自然可以了解這些非遺項目存在的意義，及與官方之間的差異，把非遺的文化得著彰顯於大眾面前。

　　總括而言，非遺是不斷受政策及社會需要而演化的文化過程，其背後的地域文化建構著其演化形態。如果要對一個地方的各種文化傳統有深入的認識，發現其與眾不同之處，不應只單純理解這些儀式特徵或過程，而應先理解其地域的文化脈絡。因此，如果我們要對香港的各種非遺傳統有全面的了解，讀者可以考慮像這書一般，把「嶺南」概念的各個面向抽絲剝繭，再說服普羅大眾為什麼需要關注以及重視這裏的各種非遺傳統。

參考書目 (按筆畫序)

原始史料

王象之著，趙一生校：《輿地紀勝》，杭州：浙江古籍出版社，2012。

王應麟：《通鑑地理通釋》，收入《景印文淵閣四庫全書》，冊 12，臺
  北：臺灣商務印書館，1984。

司馬遷：《史記》，北京：中華書局，1977。

《玉山淨供》，澳門吳慶雲道院藏中華民國七年歲次戊午（1918）仲秋
  （八月）穀旦重刊鐵城逸德堂藏板本。

吳綺撰，宋俊補，江闓訂：《嶺南風物記》，收入《景印文淵閣四庫全
  書》，冊 592，臺北：臺灣商務印書館，1984。

李昉等編：《文苑英華》，北京：中華書局，1966。

杜佑：《通典》，北京：中華書局，1988。

汪森編：《粵西文載》，收入《景印文淵閣四庫全書》，冊 146，臺北：
  臺灣商務印書館，1986。

阮元等纂修：《道光廣東通志》，同治甲子二月重刊本。

阮元審定，盧宣旬校：《重刊宋本十三經注疏附校勘記》，臺北：藝文
  印書館，1965。

屈大均：《廣東新語》，北京：中華書局，1985。

房玄齡等撰：《晉書》，臺北：鼎文書局，1980。

徐一夔：《明集禮》，明嘉靖九年刊本。

班固著，顏斯古注，王先謙補注：《漢書》，臺北：鼎文書局，1986。

郝玉麟編纂：《雍正廣東通志》，廣州：廣州出版社，2015。

郝經：《陵川集》，臺北：臺灣商務印書館，1972。

巢元方著，丁迪光校注：《諸病源候論》，北京：人民衛生出版社，
  1991。

張宇初、邵以正、張國祥編纂：《正統道藏》，臺北：新文豐出版，1985。

張守節：《史記正義》，收入《景印文淵閣四庫全書》，冊 247–248，臺北：臺灣商務印書館，1984。

張從正：《子和醫集》，北京：人民衛生出版社，1994。

脫脫等：《宋史》，臺北：鼎文書局，1980。

郭棐編撰，陳蘭芝增輯：《嶺海名勝記增輯點校》，西安：三秦出版社，2016。

郭棐編纂：《萬曆廣東通志》，濟南：齊魯書社，1996。

陳大震等編纂：《元大德南海志殘本：附輯佚》，廣州：廣東人民出版社，1991。

陳伯陶：《勝朝粵東遺民錄》，丁巳 1917 年真逸寄廬自刊本。

陳淳：《北溪字義》，收入《景印文淵閣四庫全書》，冊 709，臺北：臺灣商務印書館，1986。

曾世榮：《活幼口議》，北京：中醫古籍出版社，1985。

舒懋官主修，王崇熙總纂：《嘉慶新安縣志》，清嘉慶二十五年刊本。

黃佐編纂：《嘉靖廣東通志》，京都大學圖書館藏嘉靖三十九年序刊本。

董誥等編：《全唐文》，北京：中華書局，1987。

解縉、姚廣孝編：《永樂大典》，北京：中華書局，1986。

靳文謨修，黃袞裳、許光岳、鄧文蔚參輯：《康熙新安縣志》，廣東中山圖書館 1962 年油印謄寫本。

劉昫等：《舊唐書》，臺北：鼎文書局，1981。

樂史編校，王文楚等點校：《太平寰宇記》，北京：中華書局，2007。

鄧淳：《嶺南叢述》，北京國家圖書館藏 1835 年色香俱古室藏版。

鄭玄注：《禮記正義》，收入《十三經注疏》，上海：上海古籍出版社，

2008。

蕭統編，李善注：《文選》，上海：上海古籍出版社，1986。

顧岕：《海槎餘錄》，收入鄧士龍輯，許大齡、王天有點校：《國朝典
　　故》，北京：北京大學出版社，1993。

酈道元：《水經注》，收入《武英殿聚珍版書》，清乾隆敕刻武英殿聚珍
　　本。

檔案資料

"Cheung Chau Bun Festival-1966," Collection of Hong Kong
　　Government Records Service, HKRS407-1-33.

"Chinese Temple Committee-General," Collection of Hong Kong
　　Government Records Service, HKRS2154-3-2.

"Chinese Temple Committee-General," Collection of Hong Kong
　　Government Records Service, HKRS2154-3-3.

"Chinese Temple Committee-General," Collection of Hong Kong
　　Government Records Service, HKRS2154-3-4.

Hong Kong Tourist Association, *Gifts From the East Hong Kong's
　　Chinese Arts and Crafts*, Hong Kong Tourism Board Collection
　　at the University of Hong Kong, accession number: hktbc_
　　pam_00016-00013.

香港旅遊協會：《一九七八年國際龍舟邀請賽特刊》，香港大學圖書館
　　香港旅遊發展局文獻檔案，檔案編號：hktbc_pam_00019-00080。

香港旅遊協會：《一九九九年端午節本地龍舟賽事時間表》，香港大學
　　圖書館香港旅遊發展局文獻檔案，檔案編號：hktbc_pam_1999-

06-03_00005。

香港旅遊協會：《一九八六年國際龍舟邀請賽特刊》，香港大學圖書館
　　香港旅遊發展局文獻檔案，檔案編號：hktbc_pam_00019-00083。

香港旅遊協會：《一九八零年國際龍舟邀請賽特刊》，香港大學圖書館
　　香港旅遊發展局文獻檔案，檔案編號：hktbc_pam_00019-00082。

〈關於：加入管理發展及工程小組 Chinese Temple Committee-
　　General〉，香港政府檔案處文獻檔案，檔案編號：HKRS2154-3-3。

書籍

Beattie, Hilary, *Land and Lineage in China: A Study of T'ung-ch'eng County, Anhwei, in the Ming and Ch'ing Dynasties*, Cambridge: Cambridge University Press, 1979.

Blake, Janet, *Developing a New Standard-setting Instrument for the Safeguarding of Intangible Cultural Heritage: Elements for Consideration*, Paris: UNESCO, 2001.

Chau, Adam Yuet, ed., *Religion in Contemporary China: Revitalization and Innovation*, London: Routledge, 2011.

Chu, Yiu-Wai, *Hong Kong Cantopop: A Concise History*, Hong Kong: Hong Kong University Press, 2017.

Dikötter, Frank, *Things Modern: Material Culture and Everyday Life in China*, London: C. Hurst & Co, 2007.

Emerick, Keith, *Conserving and Managing Ancient Monuments: Heritage, Democracy, and Inclusion*, Martlesham: Boydell & Brewer, 2014.

Faure, David and Helen F. Siu, eds., *Down to Earth: The Territorial Bond in South China*, Stanford: Stanford University Press, 1995.

Freedman, Maurice, *Chinese Family and Marriage in Singapore*, London: H. M. Stationery Office, 1957.

———, *Chinese Lineage and Society: Fukien and Kwangtung*, London: Athlone, 1966.

———, *Lineage Organization in Southeastern China*, London: Athlone, 1958.

Gelfand, Donald E. and Russell D. Lee, eds., *Ethnic Conflicts and Power: A Cross-National Perspective*, New York: John Wiley and Son, 1973.

Hong Kong Tourist Association, *Annual Report 1969–1970*, Hong Kong: Hong Kong Tourist Association, 1971.

Lang, Graeme and Lars Ragvald, *The Rise of a Refugee God: Hong Kong's Wong Tai Sin*, Hong Kong: Oxford University Press, 1993.

Leong, Sow-theng, *Migration and Ethnicity in Chinese History: Hakkas, Pengmin, and Their Neighbors*, Stanford: Stanford University Press, 1997.

Matten, Marc Andre, ed., *Places of Memory in Modern China: History, Politics, and Identity*, Leiden: Brill, 2011.

Ng, May, ed., *Heritage and Integration: A Study of Hong Kong Cantonese Opera Films*, Hong Kong: Hong Kong Film Archive, 2019.

Poon, Shuk-wah, *Negotiating Religion in Modern China: State and Common People in Guangzhou, 1900–1937*, Hong Kong: The

Chinese University of Hong Kong Press, 2010.

Report of the Commission appointed by His Excellency the Governor of Hong Kong to Enquire into the Causes and Effects of the Present Trade Depression in Hong Kong and Make Recommendations for the Amelioration of the Existing Position and for the Improvement of the Trade of the Colony, Hong Kong: Government Printers, 1935.

Skinner, William G., *Chinese Society in Thailand: An Analytical History*, Ithaca: Cornell University Press, 1957.

———, *Leadership and Power in the Chinese Community of Thailand*, Ithaca: Cornell University Press, 1958.

Smart, Alan, *The Shek Kip Mei Myth: Squatters, Fires, and Colonial Rules in Hong Kong, 1950–1963*, Hong Kong: Hong Kong University Press, 2006.

Smith, Laurajane and Natsuko Akagawa, eds., *Intangible Heritage*, Abington: Routledge, 2009.

Smith, Laurajane, *Uses of Heritage*, Abingdon: Routledge, 2006.

Urry, John, *The Tourist Gaze 3.0*, London: SAGE Publications, 2011.

Wang, Klavier J., *Hong Kong Popular Culture: Worlding Film, Television, and Pop Music*, London: Palgrave Macmillan, 2020.

Watson, James L. and Rubie S. Watson, eds., *Village Life in Hong Kong: Politics, Gender, and Ritual in the New Territories*, Hong Kong: The Chinese University of Hong Kong Press, 2004.

Williams, Raymond, *Keywords: A Vocabulary of Culture and Society*, Oxford: Oxford University Press, 2015.

Wolf, Arthur P., *Religion and Ritual in Chinese Society*, Stanford: Stanford University Press, 1974.

Wong, Wendy S. Y., *The Disappearance of Hong Kong in Comics, Advertising and Graphic Design*, Cham: Palgrave Macmillan, 2018.

World Tourism Organization, *Framework Convention on Tourism Ethics*, Madrid: UNWTO, 2020.

文潔華編:《香港嘅廣東文化》,香港:商務印書館,2014。

文潔華編:《粵語的政治:香港粵語政治文化的異質與多元》,香港:香港中文大學出版社,2014。

王賡武編:《香港史新編(增訂版)》,香港:三聯書店,2017。

王樹槐:《中國現代化的區域研究:江蘇省(1860–1916)》,臺北:中央研究院近代史研究所,1983。

危丁明:《仙蹤佛跡:香港民間信仰百年》,香港:三聯書店,2019。

朱愚齋:《嶺南奇俠傳》,香港:通俗出版社,1950。

朱耀偉:《詞中物:香港流行歌詞探賞》,香港:三聯書店,2007。

衣若芬編:《四方雲集:臺‧港‧中‧新的繪本漫畫文圖學》,桃園:中央大學出版中心,2021。

何炳棣:《中國會館史論》,臺北:臺灣學生書局,1966。

李家文:《武藝傳承:香港葉問詠春口述歷史》,香港:三聯書店,2021。

李國祁:《中國現代化的區域研究:閩浙臺地區(1860–1916)》,臺北:中央研究院近代史研究所,1982。

科大衛、陸鴻基、吳倫霓霞編:《香港碑銘彙編》,香港:香港博物館、香港市政局,1986。

馬木池：《殖民管治下的傳統節慶：長洲太平清醮的流變》，香港：非物質文化遺產辦事處，2022。

馬素梅：《香港屏山古建築裝飾圖鑑》，香港：馬素梅，2014。

高添強：《香港今昔（增訂版）》，香港：三聯書店，2007。

高寶齡：《發現香港：非物質文化遺產在香港》，香港：中華書局，2019。

張加才：《詮釋與建構：陳淳與朱子學》，北京：人民出版社，2004。

張玉法：《中國現代化的區域研究：山東省（1860–1916）》，臺北：中央研究院近代史研究所，1982。

張朋園：《中國現代化的區域研究：湖南省（1860–1916）》，臺北：中央研究院近代史研究所，1983。

張彧：《香江飛鴻：黃飛鴻傳奇與嶺南文化》，香港：中華書局，2023。

郭振忠、郭振城、郭秀欣編：《香港郭汾陽崇德總會祭祖七十周年紀念特刊》，香港：香港郭汾陽崇德總會，2020。

郭振忠等編：《香港汾陽郭氏祭祖文化手冊》，香港：香港郭汾陽崇德總會，2017。

陳慎慶編：《諸神嘉年華：香港宗教研究》，香港：牛津大學出版社，2002。

麥勁生：《止戈為武：中華武術在香江》，香港：三聯書店，2016。

《善道同行 —— 嗇色園黃大仙祠百載道情》編輯委員會：《善道同行 —— 嗇色園黃大仙祠百載道情》，香港：中華書局，2021。

程美寶：《地域文化與國家認同：晚清以前「廣東文化」觀的形成》，香港：三聯書店，2018。

華南研究會編：《學步與超越：華南研究論文集》，香港：文化創造出版社，2004。

費孝通：《鄉土中國與鄉土重建》，臺北：風雲時代，1993。

黃志華：《原創先鋒：粵曲人的流行曲調創作》，香港：三聯書店，2014。

廖幼華：《歷史地理學的應用：嶺南地區早期發展之探討》，臺北：文津出版社，2004。

廖迪生、盧惠玲編，鄧聖時輯：《風水與文物：香港新界屏山鄧氏稔灣祖墓搬遷事件文獻彙編》，香港：香港科技大學華南研究中心，2007。

廖迪生：《非物質文化遺產與東亞地方社會》，香港：香港科技大學華南研究中心、香港文化博物館，2011。

趙衛防：《香港電影史》，北京：中國廣播電視出版社，2007。

劉成漢編：《香港功夫電影研究》，香港：市政局，1980。

劉志偉、孫歌：《在歷史中尋找中國：關於區域史研究認識論的對話》，上海：東方出版中心，2016。

劉蜀永主編：《簡明香港史》，廣州：廣東人民出版社，2019。

潘淑華：《閒暇、身體與政治 —— 近代中國游泳文化》，臺北：臺灣大學出版中心，2021。

鄧家宙：《香港非物質文化遺產系列：涼茶》，香港：中華書局，2022。

鄭煒明、陳德好：《醮會道釋：港澳朱大仙信仰的人類學田野調查（2008–2012）》，澳門：澳門理工學院，2013。

黎志添：《廣東地方道教研究：道觀、道士及科儀》，香港：香港中文大學出版社，2007。

蕭國健：《香港的歷史與文物》，香港：明報出版社，1997。

蕭國健：《清初遷海前後香港之社會變遷》，臺北：臺灣商務印書館，1986。

蕭國鈞、蕭國健：《族譜與香港地方史研究》，香港：顯朝書室，1982。

謝國興：《中國現代化的區域研究：安徽省（1860–1916）》，臺北：中央研究院近代史研究所，1991。

謝湜：《高鄉與低鄉：11–16 世紀江南區域歷史地理研究》，北京：生活・讀書・新知三聯書店，2015。

鍾寶賢：《香港影視業百年》，香港：三聯書店，2004。

羅卡、吳昊、卓伯棠編：《香港電影類型論》，香港：牛津大學出版社，1997。

譚潔儀：《港人港菜 —— 15 道港菜背後的香港故事》，香港：萬里機構，2017。

蘇雲峰：《中國現代化的區域研究：湖北省（1860–1916）》，臺北：中央研究院近代史研究所，1987。

期刊論文

Aikawa, Noriko, "An Historical Overview of the Preparation of the UNESCO International Convention for the Safeguarding of the Intangible Cultural Heritage," *Museum International*, vol. 56, no. 1–2 (2004), pp. 137–149.

Cheung, Sidney C. H., "The Meanings of a Heritage Trail in Hong Kong," *Annals of Tourism Research*, vol. 26, no. 3 (1999), pp. 581–583.

Chung, Seung-Jin, "East Asian Values in Historic Conservation," *Journal of Architectural Conservation*, vol. 11, no. 1 (2005), pp. 55–70.

Cleere, Henry, "The 1972 UNESCO World Heritage Convention," *Heritage & Society*, vol. 4, no. 2 (2011), pp. 173–186.

Eitel, Ernst J., "Ethnographical Sketches of the Hakka Chinese (II): The Different Races Inhabiting the Canton Province," *Notes and Queries on China and Japan*, vol. 1, no. 5 (1867), pp. 49–50.

———, "Ethnographical Sketches of the Hakka Chinese (III): Character, Customs, and Manners of the Hakkas, Compared with those of the Other Races Inhabiting the Canton Province," *Notes and Queries on China and Japan*, vol. 1, no. 7 (1867), pp. 81–82.

———, "Ethnographical Sketches of the Hakka Chinese (IV): Character, Customs, and Manners of the Hakkas, Compared with those of the Other Races Inhabiting the Canton Province," *Notes and Queries on China and Japan*, vol. 1, no. 8 (1867), pp. 97–98.

———, "Ethnographical Sketches of the Hakka Chinese (V): Popular Songs of the Hakkas," *Notes and Queries on China and Japan*, vol. 1, no. 9 (1867), pp. 113–114.

———, "Ethnographical Sketches of the Hakka Chinese (VI): The Religion of the Hakkas," *Notes and Queries on China and Japan*, vol. 1, no. 12 (1867), pp. 161–163.

———, "Ethnographical Sketches of the Hakka Chinese (VI): The Religion of the Hakkas (Continued)," *Notes and Queries on China and Japan*, vol. 2, no. 10 (1868), pp. 145–147.

———, "Ethnographical Sketches of the Hakka Chinese (VI): The

Religion of the Hakkas (Continued)," *Notes and Queries on China and Japan*, vol. 2, no. 11 (1868), pp. 167–169.

———, "Hakka Literature," *Notes and Queries on China and Japan*, vol. 1, no. 4 (1867), pp. 37–40.

Li, Siu Leung, "Kung Fu: Negotiating Nationalism and Modernity," *Cultural Studies*, vol. 15, no. 3–4 (2001), pp. 515–542.

Mak, Ricardo K. S. and Catherine S. Chan, "Icons, Culture and Collective Identity of Postwar Hong Kong," *Intercultural Communication Studies*, vol. 22, no. 1 (2013), pp. 158–173.

Mowljarlai, David, Patricia Vinnicombe, Graeme K. Ward and Christopher Chippendale, "Repainting of Images on Rock in Australia and the Maintenance of Aboriginal Culture," *Antiquity*, vol. 62, no. 237 (1988), pp. 690–696.

Munjeri, Dawson, "Tangible and Intangible Heritage: From Difference to Convergence," *Museum International*, vol. 56, no. 1–2 (2004), pp. 12–20.

Ragvald, Lars and Graeme Lang, "Confused Gods: Huang Daxian (Wong Tai Sin) and Huang Yeren at Mt. Luofu," *Journal of the Hong Kong Branch of the Royal Asiatic Society*, vol. 27 (1987), pp. 74–92.

Serizawa, Satohiro and Soichiro Sunami, "World Heritage Site as the Place for Education: The Case of the Gango-ji Temple in Japan," *Asian Education and Development Studies*, vol. 8, no. 4 (Sep. 2019), pp. 454–462.

Skinner, William G., "Marketing and Social Structure in Rural China,

Parts I," *Journal of Asian Studies,* vol. 24, no. 1 (1964), pp. 3–44.

———, "Marketing and Social Structure in Rural China, Parts II," *Journal of Asian Studies,* vol. 24, no. 2 (1965), pp. 195–228.

———, "Marketing and Social Structure in Rural China, Parts III," *Journal of Asian Studies,* vol. 24, no. 3 (1965), pp. 363–399.

Tam, Siumi Maria, "Eating Metropolitaneity: Hong Kong Identity in Yumcha," *The Australian Journal of Anthropology*, vol. 8, no. 3 (1997), pp. 291–306.

Ward, Barbara E., "Kau Sai, an Unfinished Manuscript," *Journal of the Hong Kong Branch of the Royal Asiatic Society*, vol. 25 (1985), pp. 27–118.

Watson, James, "From the Common Pot: Feasting with Equals in Chinese Society," *Anthropos*, vol. 82, no. 4/6 (1987), pp. 389–401.

于佳平、張朝枝:〈遺產與話語研究綜述〉,《自然與文化遺產研究》, 第 5 卷,第 1 期（2020 年 2 月）,頁 19–26。

方維規:〈論近代思想史的「民族」、「Nation」與「中國」〉,《二十一世紀》,第 70 期（2002 年 4 月）,頁 33–43。

王宏志:〈南來文化人:「王韜模式」〉,《二十一世紀》,第 91 期（2005 年 10 月）,頁 69–77。

王春光、李貞晶:〈嶺南武林人物黃飛鴻探究〉,《山東體育學院學報》,2011 年第 8 期,頁 43–46。

田仲一成:〈二十世紀香港潮幫祭祀活動回顧 —— 遺存的潮州文化〉,《饒宗頤國學院院刊》,創刊號（2014 年 4 月）,頁 395–441。

全漢昇:〈宋代南方的虛市〉,《中央研究院歷史語言研究所集刊》,第 9 本（1947）,頁 266–274。

朱耀偉：〈香港（研究）作為方法──關於「香港論述」的可能性〉，《二十一世紀》，第 147 期（2015 年 2 月），頁 48–63。

何格恩：〈唐代嶺南的虛市〉，《食貨半月刊》，第 5 卷，第 2 期（1937），頁 35–37。

───：〈張九齡之政治生活〉，《嶺南學報》，第 4 卷，第 1 期（1935），頁 22–46。

呂永昇：〈香港潮僑盂蘭勝會的「申遺」與潮屬社群的重建〉，《民俗曲藝》，第 201 期（2018 年 9 月），頁 65–100。

呂紹理：〈近代廣東與東南亞的米糧貿易（1866–1931）〉，《國立政治大學歷史學報》，第 12 期（1995 年 5 月），頁 35–77。

李仁淵：〈在田野中找歷史：三十年來的中國華南社會史研究與人類學〉，《考古人類學刊》，第 88 期（2018），頁 109–140。

林正慧：〈華南客家形塑歷程之探究〉，《全球客家研究》，第 1 期（2013 年 11 月），頁 57–122。

林宜蓉：〈世界秩序、家國認同與南方偏霸──屈大均《廣東新語》之文化隱喻與子題開展〉，《漢學研究》，第 38 卷，第 4 期（2020 年 12 月），頁 169–215。

金進：〈馬華文學的發生與發展（1919–1965）──以南來作家的身分認同與轉變為討論對象〉，《東華漢學》，第 18 期（2013 年 12 月），頁 377–424。

南炳文：〈《廣東新語》成書時間考辨〉，《西南大學學報（社會科學版）》，2007 年第 6 期，頁 74–75。

姚道生、黃展樑：〈空留古廟號侯王：論九龍城宋季古蹟的記憶及侯王廟記憶的歷史化〉，《思與言：人文與社會科學期刊》，第 55 卷，第 2 期（2017 年 6 月），頁 17–69。

姜寶龍：〈專訪侯孝賢：電影是一種鄉愁〉，《北京電影學院學報》，
　　2007 年第 6 期，頁 57–60。

施添福：〈從「客家」到客家（一）：中國歷史卜本貫主義戶籍制度下的
　　「客家」〉，《全球客家研究》，第 1 期（2013 年 11 月），頁 1–55。

───：〈從「客家」到客家（二）：粵東「Hakka‧客家」稱謂的出
　　現、蛻變與傳播〉，《全球客家研究》，第 2 期（2014 年 5 月），頁
　　1–109。

洪馨蘭：〈書評：孔邁隆教授的美濃與客家研究《家的合與分 —— 臺灣
　　的漢人家庭制度》、《客家的法人經濟、宗教、語言與認同》〉，《高
　　雄文獻》，第 7 卷，第 2 期（2017 年 8 月），頁 174–178。

科大衛、劉志偉：〈「標準化」還是「正統化」？ —— 從民間信仰與禮
　　儀看中國文化的大一統〉，《歷史人類學學刊》，第 6 卷，第 1、2
　　期合刊（2008 年 10 月），頁 1–21。

科大衛、劉志偉：〈宗族與地方社會的國家認同 —— 明清華南地區宗族
　　發展的意識形態基礎〉，《歷史研究》，2000 年第 3 期，頁 3–14。

科大衛：〈祠堂與家廟 —— 從宋末到明中葉宗族禮儀的演變〉，《歷史人
　　類學學刊》，第 1 卷，第 2 期（2003 年 10 月），頁 1–20。

范家偉：〈六朝時期人口遷移與嶺南地區瘴氣病〉，《漢學研究》，第 16
　　卷，第 1 期（1998 年 6 月），頁 27–58。

容世誠：〈香港戲曲史上的商業戲園（1865–1910）〉，《民俗曲藝》，第
　　199 期（2018 年 3 月），頁 177–211。

徐南鐵：〈嶺南文化的兼容特徵和現代化審視〉，《探求》，新 62 期
　　（2000 年 12 月），頁 48–52。

徐桃：〈香港功夫電影的本土化構型及其嶺南文化重塑〉，《鹽城師範學
　　院院報（人文社會科學版）》，第 42 卷，第 2 期（2022 年 3 月），

頁 106–114。

馬戎:〈「差序格局」——中國傳統社會結構和中國人行為的解讀〉,《北京大學學報(哲學社會科學版)》,第 44 卷,第 2 期(2007 年 3 月),頁 131–142。

馬雷:〈「嶺南」、「五嶺」考」〉,《中華文史論叢》,2015 年第 4 期,頁 349–360。

張文:〈地域偏見和族群歧視:中國古代瘴氣與瘴病的文化學解讀〉,《民族研究》,2005 年第 3 期,頁 68–77。

張振康:〈10–13 世紀広州における南海神廟・南海神信仰研究の現状と課題〉,《人文研究》,第 70 卷(2019 年 3 月),頁 245–259。

許紀霖:〈作為國族的中華民族何時形成〉,《文史哲》,第 336 期(2013 年 6 月),頁 129–135。

郭嘉輝、劉繼堯:〈民國尚武精神的剪影:孫中山尚武精神及精武體育會的發展〉,《중국사연구》(中國史研究),第 103 輯(2016 年 8 月),頁 245–262。

陳代光:〈論歷史時期嶺南地區交通發展的特徵〉,《中國歷史地理論叢》,1991 年第 3 期,頁 75–95。

———:〈嶺南歷史地理特徵略述〉,《嶺南文史》,1994 年第 1 期,頁 8–14。

陳晨:〈香港黃大仙信仰的傳入及早期發展(1915–1941)——以嗇色園為中心〉,《宗教與民族》,第 10 輯(2016 年 4 月),頁 305–320。

陳蓓:〈香江入畫——香港名勝與實景山水畫〉,《故宮文物月刊》,第 449 期(2020 年 8 月),頁 54–67。

陳麗華:〈香港客家想像機制的建立:1850–1950 年代的香港基督教巴色會〉,《全球客家研究》,第 3 期(2014 年 11 月),頁 139–162。

曾國富：〈古代嶺南區域史研究 30 年回顧述要〉，《中國史研究動態》，
　　2010 年第 3 期，頁 15–23。

湯立許、蔡仲林、秦明珠：〈蔡李佛拳非物質文化遺產的內涵及傳承〉，
　　《體育學刊》，第 18 卷，第 5 期（2011 年 9 月），頁 114–118。

程美寶、蔡志祥：〈華南研究：歷史學與人類學的實踐〉，《華南研究資
　　料中心通訊》，第 22 期（2001 年 1 月），頁 1–3。

黃國信、溫春來、吳滔：〈歷史人類學與近代區域社會史研究〉，《近代
　　史研究》，2006 年第 5 期，頁 46–60。

黃學濤、劉正剛：〈大都市中的鄉村印跡 —— 廣州石溪村考察記〉，《田
　　野與文獻》，第 75 期（2014 年 4 月），頁 1–12。

賈磊磊：〈中國武俠電影的正宗傳人 —— 劉家良導演訪談錄〉，《當代電
　　影》，2013 年第 9 期，頁 84–89。

廖迪生：〈文字的角色 —— 在香港新界的一些田野研究經驗〉，《田野
　　與文獻：華南研究資料中心通訊》，第 70 期（2013 年 1 月），頁
　　10–13。

劉志偉、任建敏：〈區域史研究的旨趣與路徑 —— 劉志偉教授訪談〉，
　　《區域史研究》，第 1 輯（2019 年 6 月），頁 3–38。

劉新光：〈「五嶺」考辨〉，《國學學刊》，2009 年第 4 期，頁 67–74。

蔡志祥：〈親屬關係與商業：潮汕家族企業中的父系親屬和姻親〉，《韓
　　山師範學院學報》，第 30 卷，第 2 期（2009 年 4 月），頁 15–25。

黎麗明：〈「藝術家」的塑造 —— 清末以來廣東石灣陶瓷從業員的身
　　份地位建構〉，《歷史人類學學刊》，第 7 卷，第 1 期（2009 年 4
　　月），頁 97–101。

蕭鳳霞：〈反思歷史人類學〉，《歷史人類學學刊》，第 7 卷，第 2 期
　　（2009 年 10 月），頁 105–138。

閻江：〈嶺南黃大仙溯源考 —— 從黃野人到黃大仙〉，《嶺南文史》，
　　2007 年第 1 期，頁 44–54。

謝劍：〈自願社團與文化持續 —— 香港惠州客家社團的個案研究〉，《中
　　央研究院歷史語言研究所集刊》，第 51 本，第 1 分期（1980 年 3
　　月），頁 125–147。

簡宏逸：〈歐德理與他的傳教士民族誌：客家研究的德意志起源〉，《全
　　球客家研究》，第 7 期（2016 年 11 月），頁 1–40。

魏美昌：〈澳門文化論稿兩題〉，《文化雜誌》，第 26 期（1996 年春），
　　頁 86–92。

譚美玲：〈廣東原生態歌謠說唱南音的傳承〉，《文化雜誌》，第 74 期
　　（2010），頁 37–58。

蘆敏：〈南雄珠璣巷移民傳說形成原因探析〉，《中州學刊》，2018 年第
　　9 期，頁 122–126。

蘇偉貞：〈不安、厭世與自我退隱：南來文人的香港書寫──以一九五
　　〇年代為考察現場〉，《中國現代文學》，第 19 期（2011 年 6 月），
　　頁 25–54。

龔浩群、姚暢：〈邁向批判性遺產研究：非物質文化遺產保育中的知識
　　困域與範式轉型〉，《文化遺產》，2018 年第 5 期，頁 70–78。

윤영도（尹泳裪）：〈1950 년대 황비홍 현상의 문화 사회사적 맥락 연
　　구〉（1950 年代黃飛鴻現象的文化社會史的脈絡研究），《중어중문
　　학》（中語中文學），第 54 輯（2013 年 4 月），頁 331–353。

學位論文

Scollard, Fredrikke Skinsnes, "A Study of Shiwan Pottery," PhD Thesis, Hong Kong: University of Hong Kong, 1981.

Tsang, Kai Won, "Museums in Late Colonial Hong Kong," MPhil Thesis, Hong Kong: University of Hong Kong, 2020.

李潔嫦:〈香港地水南音初探〉,香港:香港中文大學音樂系哲學碩士論文,1998。

黃湛森:〈粵語流行曲的發展與興衰:香港流行音樂研究(1949-1997)〉,香港:香港大學亞洲研究中心博士論文,2003。

報章、雜誌

"Hong Kong Travel Association: Co-operation Invited to Help Scheme," *Hong Kong Daily Press*, Aug. 15, 1935, p. 8.

"Local and General," *South China Morning Post*, Oct. 14, 1936, p. 2.

"Patten on Trail of New Territories' Heritage," *South China Morning Post*, Dec. 13, 1993, p. 6.

〈九龍城黃大仙廟 關閉園門謝絕遊客 不願清淨之地化為擠擁之場 一般婦女改在廟旁田野參拜〉,《華僑日報》,1950 年 3 月 13 日,頁 5。

〈大坑村今晚大舞火龍〉,《工商晚報》,1932 年 9 月 14 日,頁 4。

〈本港旅遊會拍製七彩片「萬家燈火照港九」獲康城電影節首獎〉,《香港工商日報》,1961 年 10 月 29 日,頁 6。

〈「城市中的祖堂」祭祖傳承遇挑戰 唐朝郭子儀後裔 70 年第 6 次遷移〉,《經濟日報》,2021 年 6 月 8 日,頁 A10。

〈查禁中元節之盂蘭會〉,《申報》,1930 年 7 月 9 日,頁 16。

〈郭氏宗族冀新一代接棒　傳承祭祖大典　習俗列香港非遺　舊區重建祖堂瀕臨遷拆〉,《文匯報》,2021 年 7 月 21 日,頁 A21。

〈郭汾陽宗會首長　慰問郭炳根遺孤〉,《華僑日報》,1969 年 11 月 18 日,頁 11。

〈郭汾陽崇德總會　下月舉行祭祖〉,《香港工商日報》,1967 年 12 月 28 日,頁 4。

〈郭汾陽崇德總會　昨舉行成立儀式　將建祠購會所設義校〉,《大公報》,1962 年 11 月 5 日,頁 5。

〈郭汾陽崇德總會　選出第四屆新員〉,《華僑日報》,1969 年 1 月 3 日,頁 10。

〈郭汾陽崇德總會　獲當局批准成立〉,《大公報》,1962 年 8 月 30 日,頁 5。

〈郭汾陽會定期　舉行祭祀大典〉,《香港工商日報》,1964 年 12 月 9 日,頁 6。

〈視潮州話瑰寶　聯繫同鄉重要元素〉,《香港經濟日報》,2021 年 6 月 8 日,頁 A10。

〈黃大仙的迷人〉,《工商晚報》,1950 年 3 月 25 日,頁 3。

〈黃大仙祠　萬頭攢動〉,《華僑日報》,1955 年 1 月 27 日,頁 7。

〈黃大仙祠恢復開放〉,《華僑日報》,1950 年 3 月 28 日,頁 5。

〈黃大仙嗇色園　捐款萬元賑災〉,《華僑日報》,1976 年 2 月 6 日,頁 13。

黃慧怡:〈青山龍窰　孕育港式石灣陶藝〉,《明報》,2018 年 4 月 15 日,頁 S08。

〈嗇色園一毫助學　遊人年逾九十萬　三院義學賴以挹注〉,《華僑日

報》，1959 年 9 月 24 日，頁 9。

〈嗇色園今日 恢復長期贈醫〉，《華僑日報》，1957 年 2 月 8 日，頁 10。

〈嗇色園主辦 可立中學 奠基典禮 華民政務司麥道軻主持〉，《香港工
　　商日報》，1966 年 10 月 8 日，頁 6。

〈嗇色園現正籌辦三間護理安老院 義工接受訓練照顧老人〉，《華僑日
　　報》，1987 年 11 月 6 日，頁 10。

〈嗇色園開放 善信遊園捐款一角 全部撥充三院辦學〉，《華僑日報》，
　　1956 年 9 月 26 日，頁 6。

〈嗇色園黃大仙 昨起開始任人參拜 收費一毫充辦義學〉，《香港工商日
　　報》，1956 年 9 月 26 日，頁 6。

〈嗇色園黃大仙廟 東華醫院接管〉，《華僑日報》，1956 年 11 月 10 日，
　　頁 9。

〈嗇色園黃大仙祠 籌建中小學校〉，《華僑日報》，1964 年 9 月 30 日，
　　頁 15。

〈嗇色園慈善社 新舊總理交接〉，《華僑日報》，1956 年 2 月 2 日，頁 6。

〈嗇色園新舊總理 舉行交接典禮 黃允畋正總理報告 一年普濟勸善工
　　作〉，《華僑日報》，1957 年 1 月 19 日，頁 7。

〈禁舞火龍求雨〉，《香港華字日報》，1937 年 11 月 17 日，頁 6。

〈經濟不景誠心拜蒼天 嗇色園黃大仙廟中 新春善信參神擠擁〉，《工商
　　晚報》，1975 年 2 月 13 日，頁 2。

〈董事會主席黃允畋透露 嗇色園開辦老人宿舍 興學贈醫施藥等服務不
　　斷發展〉，《大公報》，1983 年 10 月 1 日，頁 7。

〈舞火龍驅蝗之怪舉動〉，《工商晚報》，1933 年 5 月 22 日，頁 2。

鄧達智：〈今非昔比話團圓〉，《文匯報》，2022 年 2 月 4 日，頁 B10。

鄭培凱：〈非遺與嶺南文化〉，《明報》，2021 年 8 月 22 日，頁 S04。

〈《醒獅》自導自演　吳鎮宇「拯救」秋生〉,《文匯報》,2007 年 1 月 22 日。

〈績溪中秋節遊火龍的風俗〉,《民眾周刊》,第 43 期（1925 年 8 月 25 日）,頁 6。

〈繼續辦理　色園醫院〉,《香港工商日報》,1927 年 7 月 25 日,頁 14。

網頁資料

"High-kicking Cabin Crew Using Wing Chun to Defend Against Aggressive Passengers," *South China Morning Post*, May 13, 2013, https://www.scmp.com/lifestyle/family-education/article/1228465/high-kicking-cabin-crew-using-wing-chun-defend-against, accessed May 30, 2022.

"History," Association of Critical Heritage Studies, https://www.criticalheritagestudies.org/history, accessed Dec. 21, 2021.

"Originlkarte Provinz Kwang Tung (Canton)," University of Texas at Austin, https://maps.lib.utexas.edu/maps/historical/kwang_tung_1878.jpg, accessed Aug. 1, 2023.

"This Boy Band Is the Joy That Hong Kong Needs Right Now," *New York Times*, Aug. 12, 2021, https://www.nytimes.com/2021/08/12/world/asia/hong-kong-mirror-band.html, accessed May 31, 2022.

"Tourism and Culture," World Tourism Organization, https://www.unwto.org/tourism-and-culture, accessed Feb. 18, 2022.

〈《張敬軒 X 香港中樂團盛樂演唱會 2020》紅館內的跌盪與釋放〉,

《LINE TODAY》，2020 年 11 月 25 日，https://today.line.me/hk/
　　v2/article/2q2wxX，瀏覽日期：2022 年 5 月 31 日。

〈《戲棚》── 導演卓翔專訪〉，Youtube 網站，2020 年 4 月 9 日，
　　https://www.youtube.com/watch?v=REd8IOMJEAc，瀏覽日
　　期：2022 年 5 月 17 日。

〈「盆菜孝子」鄧達智教你食真‧盆菜〉，《Topick》，2016 年 2 月 4 日，
　　https://topick.hket.com/article/1310941/「盆菜孝子」鄧達智教
　　你食真‧盆菜，瀏覽日期：2022 年 1 月 26 日。

〈千年盆菜〉，中國東莞市人民政府網站，http://www.dg.gov.cn/
　　changan/caly/msfq/content/post_1718573.html，瀏覽日期：
　　2022 年 1 月 26 日。

何志平：〈重辦搶包山 體現香港價值觀〉，香港政府新聞網，2005 年 5
　　月 24 日，https://www.news.gov.hk/isd/ebulletin/tc/category/
　　ontherecord/050524/html/050524tc11002.htm，瀏覽日期：2021
　　年 12 月 3 日。

李耀輝：〈「盂香亭」的宗教特色〉，《東周刊》，2020 年 4 月 14 日，
　　https://eastweek.my-magazine.me/main/95437，瀏覽日期：
　　2023 年 3 月 11 日。

〈首份香港非物質文化遺產清單〉，非物質文化遺產辦事處網站，
　　https://www.icho.hk/documents/Intangible-Cultural-Heritage-
　　Inventory/First_hkich_inventory_C.pdf，瀏覽日期：2023 年 6 月
　　22 日。

〈香港四個項目成功列入國家級非物質文化遺產代表性項目名錄〉，《香
　　港政府新聞公報》，2014 年 12 月 5 日，https://www.info.gov.hk/
　　gia/general/201412/05/P201412050831.htm，瀏覽日期：2023 年

3 月 4 日。

〈唐小燕獲贊助十八區推廣《地水南音》〉,《文匯報》,2020 年 1 月 5
日,http://paper.wenweipo.com/2020/01/05/XQ2001050003.
htm,瀏覽日期:2022 年 7 月 1 日。

〈留一口氣,點一盞燈 —— 香港武術的新篇章〉,《香港 01》,2019 年
4 月 26 日,https://www.hk01.com/sns/article/322273,瀏覽日
期:2022 年 5 月 31 日。

〈荔枝角公園「嶺南之風」正式開放供市民遊覽〉,《香港政府新聞
公報》,2000 年 11 月 11 日,https://www.info.gov.hk/gia/
general/200011/11/1111149.htm,瀏覽日期:2021 年 12 月 1 日。

〈追本溯源:盆菜〉,米芝蓮指南網站,2019 年 1 月 30 日,https://
guide.michelin.com/hk/zh_HK/article/features/trace-the-
roots-pan-cai,瀏覽日期:2022 年 1 月 26 日。

張展鴻:〈從新界的圍村食盆到外賣盆菜〉,《自由時報》,2017 年 1 月
14 日,https://talk.ltn.com.tw/article/breakingnews/1947451,
瀏覽日期:2022 年 1 月 26 日。

〈張敬軒阮兆輝跨界合唱將南音融入流行曲　蔡思韵拍 MV 整喊張蚊個
女〉,《香港 01》,2021 年 4 月 28 日,https://www.hk01.com/
眾樂迷 /609876/ 張敬軒阮兆輝跨界合唱將南音融入流行曲 - 蔡思
韵拍 MV 整喊張蚊個女 /,瀏覽日期:2022 年 5 月 30 日。

〈涼茶〉,香港非物質文化遺產資料庫網站,https://www.hkichdb.gov.
hk/zht/item.html?ef1238bc-9bf2-481d-b3a6-20c0fd231ca0,瀏
覽日期:2021 年 6 月 1 日。

陳天權:〈元朗新田文氏的宗族遺產〉,《灼見名家》,2017 年 4 月 4
日,https://www.master-insight.com/ 元朗新田文氏的宗族遺

產 /，瀏覽日期：2023 年 6 月 21 日。

〈黃大仙誕〉，香港非物質文化遺產資料庫網站，https://www.
　　hkichdb.gov.hk/zht/item.html?d3094481-8443-48a1-93e1-
　　92aed3e4ce2f，瀏覽日期：2023 年 3 月 28 日。

黃健源、劉鵬飛：〈洪家拳入選區級「非遺」 洪熙官墓真偽對比
　　DNA〉，《人民網》，2014 年 5 月 30 日，http://culture.people.
　　com.cn/n/2014/0530/c22219-25085534.html，瀏覽日期：2022
　　年 6 月 30 日。

〈滘西洲洪聖爺誕濃情依舊〉，《香港商報》，2021 年 4 月 4 日，
　　https://www.hkcd.com/content/2021-04/04/content_1259908.
　　html，瀏覽日期：2023 年 6 月 20 日。

〈廖氏族譜跋〉，廖萬石堂網站，https://www.lmstong.hk/?page_
　　id=1946，瀏覽日期：2023 年 6 月 12 日。

〈與阮兆輝合譜城市安魂曲　張敬軒：「南音就如現代的 R&B。」〉，《文
　　化者》，2021 年 4 月 14 日，https://theculturist.hk/ 展訊 / 與阮
　　兆輝合譜城市安魂曲 - 張敬軒「南音就如現代的 /，瀏覽日期：
　　2022 年 7 月 13 日。

〈寰亞電影：《火龍》製作特輯 —— 每一個心中都有一團火〉，
　　Youtube 網站，2010 年 3 月 18 日，https://www.youtube.com/
　　watch?v=vSHNbvrnpK0，瀏覽日期：2022 年 5 月 30 日。

〈樹仁大學花近 4 年製作紀錄片傳承詠春　葉問兒子葉準到校耍功夫〉，
　　《香港 01》，2019 年 4 月 6 日，https://www.hk01.com/sns/
　　article/314982，瀏覽日期：2022 年 5 月 31 日。

〈機構歷史〉，嗇色園網站，https://www2.siksikyuen.org.hk/zh-HK/
　　aboutssy/history，瀏覽日期：2023 年 3 月 9 日。

〈歷史及族譜〉，僑歐文氏宗親會網站，https://familieman.nl/zh/
　　yeschiedenis，瀏覽日期：2023 年 6 月 20 日。

〈戲棚〉，西九文化區網站，https://www.westkowloon.hk/tc/
　　bamboo-theatre#overview，瀏覽日期：2021 年 12 月 15 日、
　　2022 年 5 月 17 日。

圖片版權

圖表 30　以女性求籤問卜為題材的宣傳文
　　　　本研究團隊獲得 Picture This Gallary 授權使用該圖像，特此
　　　　鳴謝

圖表 31　*Hong Kong Bun Festival*
　　　　本研究團隊獲得 Look and Learn History Picture Archive 授權
　　　　使用該圖像，特此鳴謝

鳴謝名單（按筆畫序）

研究助理團隊成員

何穎妍女士

梁耀堡先生

楊子恩先生

劉家瑩女士

受訪者 / 資料提供者 / 照片提供 —— 個人

文誠任先生

吳淑芬女士

陳天友先生

溫佐治先生

溫誠禮先生

溫福明先生

趙鑌先生

鄭毓雯女士

蕭昆崙先生

受訪者 / 資料提供者 / 照片提供 / 意見提供 ── 組織

Look and Learn History Picture Archive

Picture This Gallary

巴色會

波士頓公立圖書館

非物質文化遺產辦事處

首爾大學

德克薩斯大學

薄扶林村火龍會

嶺南風物與香港非物質文化遺產系列

再現嶺南
香港非物質文化遺產的地域文化

羅樂然　編著

策劃編輯	梁偉基
責任編輯	朱卓詠
書籍設計	陳朗思
書籍排版	陳先英

出　　版	三聯書店（香港）有限公司
	香港北角英皇道四九九號北角工業大廈二十樓
香港發行	香港聯合書刊物流有限公司
	香港新界荃灣德士古道二二〇至二四八號十六樓
印　　刷	寶華數碼印刷有限公司
	香港柴灣吉勝街四十五號四樓 A 室
版　　次	二〇二四年一月香港第一版第一次印刷
規　　格	大十六開（178 mm × 287 mm）二四八面
國際書號	ISBN 978-962-04-5376-2

© 2024 三聯書店（香港）有限公司

Published & Printed in Hong Kong, China.